BEI GRIN MACHT SICH
WISSEN BEZAHLT

Bibliografische Information der Deutschen Nationalbibliothek:

Die Deutsche Bibliothek verzeichnet diese Publikation in der Deutschen National-bibliografie; detaillierte bibliografische Daten sind im Internet über http://dnb.d-nb.de/ abrufbar.

Impressum:

Copyright © 2017 GRIN Verlag
Druck und Bindung: Books on Demand GmbH, Norderstedt Germany
ISBN: 9783668651425

Dieses Buch bei GRIN:

https://www.grin.com/document/414340

Alexander Pilipas

Digitale Transformation in Organisationen. Eine Analyse von Stärken, Schwächen sowie Chancen und Risiken der bimodalen IT-Architektur

GRIN Verlag

GRIN - Your knowledge has value

Der GRIN Verlag publiziert seit 1998 wissenschaftliche Arbeiten von Studenten, Hochschullehrern und anderen Akademikern als eBook und gedrucktes Buch. Die Verlagswebsite www.grin.com ist die ideale Plattform zur Veröffentlichung von Hausarbeiten, Abschlussarbeiten, wissenschaftlichen Aufsätzen, Dissertationen und Fachbüchern.

Besuchen Sie uns im Internet:

http://www.grin.com/

http://www.facebook.com/grincom

http://www.twitter.com/grin_com

Digitale Transformation in Organisationen

Eine Analyse von Stärken und Schwächen sowie Chancen und Risiken der bimodalen IT-Architektur

Masterthesis

Technische Universität Darmstadt

Fachbereich Rechts- und Wirtschaftswissenschaften

Fachgebiet Wirtschaftsinformatik - Information Systems & Electronic Services

Masterthesis zu dem Thema:

Digitale Transformation in Organisationen

Eine Analyse von Stärken und Schwächen sowie Chancen und Risiken der bimodalen IT-Architektur

Bearbeitet von: Alexander Pilipas

Studiengang: M. Sc. Wirtschaftsinformatik

Eingereicht am: 28.04.2017

Inhaltsverzeichnis

Abbildungsverzeichnis

Tabellenverzeichnis

1 Einleitung

Die digitale Transformation stellt gegenwärtig viele Unternehmen vor große Herausforderungen. IT-Organisationen, deren Aufgabe sich bislang im Wesentlichen darauf konzentrierte qualitativ hochwertige IT-Services zu betreiben und interne Fachbereiche möglichst effektiv zu unterstützen, sind zunehmend gefordert das Gesamtunternehmen aktiv mitzugestalten. (Urbach & Ahlemann 2016) Ein schnelleres „Time-to-Market", eine höhere Kundenorientierung sowie die agile Entwicklung von IT-Lösungen sind nur einige Punkte mit denen die IT-Organisationen von heute konfrontiert werden. (Bharadwaj, et al. 2013)

Aufgrund ihrer industrialisierten Ausrichtung der vergangenen Jahre und der, mit der Zeit oftmals intransparenten, heterogenen IT-Landschaft sind viele IT-Betriebe organisatorisch, prozessual und strukturell allerdings nicht optimal aufgestellt, um eine wichtige Rolle in der digitalen Transformation einzunehmen. Als eine Möglichkeit zur Begegnung dieser Herausforderungen und als Antwort auf die Forderung nach höherer Flexibilität und Geschwindigkeit, werden agile Organisationsformen derzeit sowohl in der Unternehmenspraxis als auch in der akademischen Forschung intensiv diskutiert. (Benlian, et al. 2017; Bharadwaj, et al. 2013; Urbach 2017) Nichtsdestotrotz kann die traditionelle IT nicht vernachlässigt werden, denn sie erfüllt oftmals eine wichtige Rolle für die Geschäftsprozesse und muss auch weiterhin sicher und robust funktionieren. Es bedarf organisatorische Ansätze, die die traditionelle und agile Arbeitsweise gleichermaßen vereinen.

Eine Möglichkeit, sowohl einen robusten als auch einen agilen IT-Betrieb zu gewährleisten, stellt der bimodale IT-Architektur Ansatz dar. Bei diesem wird die klassische IT in zwei unterschiedliche Arbeitsweisen, dem sogenannten Modus 1 und Modus 2, aufgeteilt. Charakteristisch für Modus 1 ist dabei die robuste und kontrollierte, jedoch langsame Abarbeitung von IT-Aufgaben, während Modus 2 für eine agile, flexible und experimentierfreudige Vorgehensweise steht. Die beiden Modi koexistieren und sind gleichwertige Bestandteile einer IT Einheit. Dieser bimodale IT Ansatz ermöglicht somit einerseits die flexible, agile und schnelle Entwicklung von IT-Lösungen (Modus 2), kann aber gleichermaßen robust und planbar für andere IT-Aufgaben eingesetzt werden (Modus 1). (Gartner 2014) Die Herausforderung besteht darin, diese beiden Welten, Denk- und Arbeitsweisen zu vereinen und zu managen.

Das Management einer solchen IT-Architektur ist kein einfaches Unterfangen und erfordert unter anderem ein sehr gutes Know-How über die Stärken und Chancen, aber auch über die Schwächen und Risiken. Diese Masterthesis untersucht die bimodale IT und analysiert sowohl ihre Licht- und Schattenseiten, als auch ihre Möglichkeiten und Gefahren mithilfe einer qualitativen Studie. Dazu haben sich 13 Experten bereit erklärt, 8 Fragen zum Thema digitale Transformation und bimodale IT zu beantworten. Die Auswertung der Experteninterviews mündet in eine SWOT-Analyse und zeigt dem Leser auf, welche Stärken, Schwächen, Chancen und Risiken die Bimodalität beinhaltet.

Die Arbeit ist wie folgt aufgebaut: Nach der Einführung in das Thema werden die Grundlagen der digitalen Transformation und der bimodalen IT in Kapitel 2 erläutert. Dieses Kapitel beinhaltet dabei die definitorischen Grundlagen, eine Einordnung der digitalen Transformation in einen historischen Rahmen, die Untersuchung unterschiedlicher Branchen und deren Transformationsgeschehen sowie die digitale Transformationsstrategie. Anschließend wird eine Literaturanalyse zur bimodalen IT durchgeführt. Die Grundlagen bilden die theoretische Ausgangsbasis für das zu entwickelnde Forschungsmodell.

In Kapitel 3 wird der konzeptuelle Rahmen der Masterthesis erläutert. Bestandteile des Konzepts sind eine qualitative Studie und eine Situationsanalyse sowie als Gesamtergebnis die Formulierung von Kernaussagen und Handlungsempfehlungen. Der konzeptuelle Rahmen ist in Abschnitt 3.3 schematisch dargestellt.

Im darauffolgenden vierten Kapitel werden die Forschungsmethoden vorgestellt. Der Autor dieser Arbeit wählt eine Kombination aus Experteninterviews und SWOT-Analyse, inklusive der Formulierung einer SWOT-Matrix mit den dazugehörigen Strategien. In diesem Kapitel werden weiterhin die Interviewpartner ausgiebig vorgestellt und es wird erläutert, inwieweit die Personen einen wertvollen Beitrag für die Erkenntnisse der Masterthesis leisten. Ebenso werden der Interviewleitfaden und die dazugehörigen Fragen dargestellt.

Die Präsentation der Forschungsergebnisse erfolgt in Kapitel 5. Zunächst werden einzelne, bewusst gewählte Ausschnitte aus den Interviews als exemplarische Antworten auf die jeweiligen Fragen aus dem Interviewleitfaden abgebildet und zu jeder Frage wird eine aggregierte Kernbotschaft formuliert. Im Anschluss werden die Stärken, Schwächen, Chancen und Risiken der bimodalen IT in übersichtlicher, tabellarischer Form dargestellt. Daraufhin wird eine SWOT-Matrix gebildet und aus dieser die jeweiligen Strategien formuliert. Den Abschluss dieses Kapitels bilden die 7 Kernaussagen und Handlungsempfehlungen, die aus der Gesamtanalyse der Arbeit hervorgehen.

In Kapitel 6 werden die Ergebnisse kurz diskutiert, es wird auf die Implikationen für Forschung und Praxis eingegangen und schließlich die Limitationen der Arbeit beschrieben.

Kapitel 7 fasst die Ergebnisse zusammen und schließt die Arbeit mit einem Ausblick auf weitere anknüpfende Forschungsfragen ab.

2 Grundlagen

Die Literaturanalyse ist ein wichtiges Werkzeug im Rahmen jeder wissenschaftlichen Arbeit (Jesson, et al. 2011). Der interessierte Leser, welcher meist schon über Grundkenntnisse der Thematik der Arbeit verfügt, wird mit Hilfe einer fundierten Analyse der Literatur auf den aktuellsten Stand gebracht. Dieses Grundlagenkapitel behandelt die digitale Transformation in Organisationen und im Besonderen die bimodale IT-Architektur. Es dient weiterhin zum Verständnis der Ergebnisse und der Auswertung der Experteninterviews, welche in Kapitel 5 Forschungsergebnisse vorgestellt werden.

Das Kapitel gliedert sich in zwei Unterabschnitte auf. Der Erste thematisiert die digitale Transformation als ein holistisches Phänomen und geht dabei auf dessen Historie, die Durchdringung unterschiedlicher Branchen und auf die digitale Transformationsstrategie ein. Der zweite Unterabschnitt definiert den Begriff bimodale IT oder auch „Two-Speed IT" und legt bisherige Erkenntnisse und Erfahrungen der bimodalen IT-Architektur dar.

2.1 Literaturanalyse und historischer Überblick zur digitalen Transformation

Die Begriffe „digitale Transformation" und „Digitalisierung", welche häufig fälschlicheYYYYise als Synonym verwendetet werden, sind zurzeit in aller Munde. (Wolan 2013) Dieser Unterabschnitt dient der systematischen Analyse des Begriffes „digitale Transformation", auch als Abgrenzung zu "Digitalisierung". Des Weiteren wird auf Grundlage einer gründlichen Literaturrecherche erläutert, welche Bedeutung und welche Inhalte sich hinter dem Ausdruck „digitale Transformation" verbergen.

2.1.1 Definitorische Grundlagen

Oftmals lässt sich ein Ausdruck nicht exakt definieren. Je nach Kontext existieren mehrere Definitionen. (Tank 2015) Das zeigt auch der qualitative Teil der Arbeit, in dem unter anderem die Interviewpartner nach der Erklärung des Begriffes gefragt wurden. Es folgen zwei exemplarische Definitionen des Begriffes „digitale Transformation". Zu beachten ist weiterhin, dass der Begriff im Rahmen dieser Arbeit bereits eingegrenzt wurde, denn der Autor der Arbeit spricht im Allgemeinen von der digitalen Transformation von Organisationen, gemeint sind also Unternehmen, staatliche Einrichtungen, usw.

Definition von Dr. Holger Schmidt (FOCUS Chefkorrespondent und Autor von „Deutschland 4.0 – Wie die digitale Transformation gelingt"):

Digitale Transformation ist die Nutzung neuer digitaler Technologien (wie künstliche Intelligenz oder Analytics) mit dem Ziel, Geschäftsmodelle, Betriebsprozesse und Kundeninteraktion zu verbessern." (Schmidt & Kollmann 2016)

Eine alternative Definition ist im "Digital Transformation Report" von Apigee, ein API-Plattform Spezialist zu finden. Dieser wurde kürzlich von Google für über 600 Mio. USD aufgekauft. (Brien 2016)

„Digital transformation describes how companies are using technology to add a digital dimension to customer or partner experiences, change the way employees do their jobs, or add new digital or data-based lines of business." (Apigee 2013)

Diese beiden Definitionen geben den Kerngedanken der digitalen Transformation wieder. Es geht um die Frage, inwiefern sich Unternehmen verändern bzw. transformieren müssen, um den Anforderungen sich verändernder Markt- und Umweltbedingungen, der Veränderungen in der Arbeitswelt und Gesellschaft sowie stetig steigender Kundenanforderungen gerecht zu werden. (Aral, et al. 2013) Dabei spielt der Einsatz modernster Informations- und Kommunikationstechnologien eine entscheidende Rolle.

Nun erfolgt eine Abgrenzung zum Begriff „Digitalisierung", denn dieser hat genau genommen nicht dieselbe Bedeutung, wird allerdings häufig fälschlicherweiise genauso dargestellt.

Definition des Ausdrucks Digitalisierung: *„Der Begriff der Digitalisierung hat mehrere Bedeutungen. Er kann die digitale Umwandlung und Darstellung bzw. Durchführung von Information und Kommunikation oder die digitale Modifikation von Instrumenten, Geräten und Fahrzeugen ebenso meinen wie die digitale Revolution, die auch als dritte Revolution bekannt ist, bzw. die digitale Wende. Im letzteren Kontext werden nicht zuletzt "Informationszeitalter" und "Computerisierung" genannt."* (Gabler Wirtschaftslexikon 2017a)

Eine etwas vereinfachte Definition liefern Fichman und Santos in ihrem, im Jahr 2014 im MISQ erschienenen, Artikel: *„Digitization […] is the practice of taking processes, content or objects that used to be primarily (or entirely) physical or analog and transforming them to be primarily (or entirely) digital."* (Fichman, et al. 2014)

Der Begriff Digitalisierung ist also weiträumiger und allgemeiner als der Ausdruck digitale Transformation. Die Digitalisierung ist tatsächlich ein äußerst umfangreicher Prozess, der die gesamte Welt beeinflusst und verändert, ein Prozess zunehmender Vernetzung, Konnektivität und Automatisierung aller Branchen und Lebensbereiche. Die Digitalisierung ist ein Treiber der digitalen Transformation, denn Unternehmen müssen sich aufgrund des Druckes, den die Digitalisierung auf sie ausübt, ändern, anpassen und sich transformieren, um wirtschaftlich zu überleben. (Westerman, et al. 2011)

2.1.2 Geschichtlicher Exkurs zur Digitalen Transformation

Die digitale Transformation wird heutzutage sehr ausgiebig diskutiert und bewegt Unternehmen auf der ganzen Welt. Blickt man in die Vergangenheit stellt man jedoch fest, dass dies kein Novum ist. Bereits in den frühen 90er Jahren war die Transformation ein Thema, welches in den 2000ern noch einmal wiederkehrte. Tatsächlich hatte man schon damals angefangen Prozesse nach und nach zu automatisieren und zu digitalisieren. (Sukhova 2016) Ebenso werden sich Unternehmen auch in Zukunft ändern und verändern müssen.

Dieser Abschnitt soll grundlegende Ereignisse der Vergangenheit, das aktuelle Geschehen der Gegenwart und Trends der Zukunft aufgreifen. Zu beachten ist, dass bei dieser historischen Betrachtung die Grenze zwischen den Begriffen Digitalisierung und digitale Transformation verschwimmt.

Digitale Transformation in der Vergangenheit:

Eine Ursache für den enorm schnellen digitalen Wandel der Unternehmen ist sicherlich die Entwicklung des Internets, denn damit wurden neue Geschäftsfelder und Möglichkeiten offenbart, die bis dato praktisch unmöglich waren. Digitale Geschäftsmodelle (darunter Suchmaschinen oder Online-Auktionsplattformen wie beispielsweise Ebay), eCommerce (z.B. Zalando), Verbesserungen im Customer Relationship Management (z.B. Salesforce), Social Media (z.B. facebook, instagram) und so weiter. Allerdings war die Digitalisierung auch vor der Entwicklung des Internets immer wieder ein Thema und zwar in Form von technologischen Innovationen. Man denke zum Beispiel an die erste Digitalkamera 1975, entwickelt von Kodak und Steve Sasson. Diese war 4 kg schwer und hatte eine Auflösung von 0,1 Megapixeln. (Zheng 2005) Was heutzutage lächerlich erscheint, hat damals das Geschäftsfeld für Fotografie revolutioniert. Einige Jahre später folgten dann die ersten kommerziellen Produkte, unter anderem von Mitkonkurrenten Canon und Nikon. (Digitalkameramuseum.de 2017) Ein weiteres Beispiel für den digitalen Wandel aufgrund technologischer Innovation ist die Entwicklung der Audio-CD Mitte der 80er Jahre. Diese Entwicklung hat die Musikbranche stark geprägt. Eine ausführliche Aufzählung weiterer prägender technologischer Erfindungen befindet sich im Anhang. (siehe Abbildung 9: Technologiezeitstrahl)

Digitale Transformation in der Gegenwart:

Heutzutage sind Unternehmen einem enorm hohen Druck ausgesetzt. Dieser kommt einmal wegen des stark wachsenden Konkurrenzmarktes, unter anderem durch Start-Ups, und aufgrund der Bedrohung durch innovative Ersatzprodukte zustande. Eine Studie von Roland Berger Strategy Consulting trifft die Aussage, dass neue digitale Wettbewerber die europäische Industrie aktuell stark unter Zugzwang setzen, welche starke Verluste sowohl im Wertschöpfungsanteil als auch in der Wertschöpfungsposition am Markt hinnehmen müssen (Bloching, et al. 2015). Von dieser Gefahr sind manche Branchen stärker (wie zum Beispiel Medien und Telekommunikationsbranche) und andere schwächer (Gesundheitswesen und Bildung) betroffen. (Grossman 2016) Die Anforderungen der Kunden und die Verhandlungsstärke der Lieferanten wachsen zunehmend. Die digitale Transformation übt also einen beachtlichen Druck auf das Geschäftsmodell der Unternehmen (Tolboom 2016) und auf unterschiedliche Unternehmensbereiche aus (Experton Group 2016). Gleichzeitig ist der Druck von innen ebenfalls sehr hoch, so müssen Produktionsprozesse zunehmend automatisierter, schneller und effizienter ablaufen und Produkte müssen nicht nur qualitativ hochwertig sein, sondern erfordern auch Support- und Service-Leistungen. Manche behaupten gar, man befinde sich am Anfang der 4. Industriellen Revolution. Das Phänomen welches auch als Industrie 4.0 bekannt wird:

„Die Vierte industrielle Revolution hat bereits begonnen. Ihr Merkmal ist die ungeheuer schnelle und systematische Verschmelzung von Technologien, die die Grenzen zwischen der physischen, der digitalen und der biologischen Welt immer stärker durchbrechen." (Schwab 2016)

Forbes sieht unter anderem folgende Trends der digitalen Transformation für das Jahr 2017: Eine zunehmende Bedeutung der User Experience, den Durchbruch im Bereich Augmented Reality und Virtual Reality, die steigende Relevanz von IoT-Technologien, Big Data Analytics und künstliche Intelligenz. (Newman 2016) Ob sich diese Trends ebenfalls in der Praxis so abzeichnen wird in Kapitel 5 Forschungsergebnisse beantwortet.

Welche Trends kann man jedoch erkennen, wenn man einen Blick in die Zukunft wagt?

Digitale Transformation in der Zukunft:

Eine Studie von PricewaterHouse Coopers trifft die Aussage, dass allen voran technologische Entwicklungen auch weiterhin für den digitalen Wandel von Unternehmen verantwortlich sein werden. In der Studie wurden über 1300 CEOs befragt.

„Technological advances are seen as the main global trend which will transform business, according to 81% of CEOs surveyed globally." (Sturesson, et al. 2014)

Etwas anderes berichtet eine Studie von MIT Sloan Management Review in Kooperation mit Deloitte. Diese erläutert, dass vor allem die Strategie eine entscheidende Rolle für die digitale Entwicklung eines Unternehmens spielt und eben nicht die Technologien. Darin heißt es:

"The ability to digitally reimagine the business is determined in large part by a clear digital strategy supported by leaders who foster a culture able to change and invent the new . " (Kane, et al. 2015)

Gartner (2016) hat sich an einige Vorhersagen gewagt und veröffentlicht folgende Aussagen in Bezug auf den weiteren Verlauf der digitalen Transformation bis 2019/2022.

Jahr	Aussage
2019	• 20% aller Firmen werden ihre mobilen Applikationen abschaffen. • Für jeden USD welcher in Innovation investiert wird, werden zusätzliche 7 USD benötigt, um die Lösung zu implementieren/auszuführen.
2020	• 100 Mio. Konsumenten werden in Augmented Reality (AR) Shops einkaufen. • 30% aller Internet Browser Sitzungen können ohne Bildschirm durchgeführt werden (mithilfe von audio-zentrierten Technologien wie zum Beispiel Google Home oder Amazon Echo). • Algorithmen werden das Verhalten von mehr als einer Milliarde Arbeiter positiv beeinflussen. • Internet of Things (IoT) wird die Anforderungen an einen Data Center Storage um weniger als 3% erhöhen. • 40% aller Angestellte können ihre Gesundheitsausgaben reduzieren, wenn sie „fitness tracker" tragen.
2021	• An 20% aller Aktivitäten eines Individuums wird mindestens einer der Top 7 digitalen Giganten beteiligt sein. (Aktuelle Top 7, basierend auf Marktdurchdringung und Umsatz: Google, Apple, Facebook, Amazon, Baidu, Alibaba, Tencent)
2022	• Ein auf blockchain-basiertes Geschäftsmodell wird 10 Milliarden USD Wert sein • IoT führt zu einer Ersparnis von bis zu 1 Billion USD für Wartung, Instandhaltung und Services für Konsumenten und Unternehmen (z.B. aufgrund von Echtzeitdaten und Frühwarnsystemen)

Tabelle 1: Gartner (2016) Vorhersagen für IT Organisationen und Nutzer (eigene Darstellung)

Alle Vorhersagen bezüglich der digitalen Transformation haben mit großer Sicherheit eines gemeinsam, sie propagieren eine Veränderung. Die Digitalisierung kreiert größere und vielfältigere Möglichkeiten als je zuvor, aber gleichzeitig erfordert sie auch die Fähigkeit Veränderungen anzunehmen und sie bestmöglich umzusetzen. Es ist unbestreitlich, dass die digitale Transformation die Unternehmen in den kommenden Jahren noch stärker in Gewinner und Verlierer spalten wird (Büst, et al. 2015). Unternehmen und Individuen müssen akzeptieren, dass ein kontinuierlicher Wandel der digitalen Welt stattfindet und ihre Rollen in diesem Wandel einnehmen, um daraus einen Gewinn zu erwirtschaften.

2.1.3 Durchdringung unterschiedlicher Branchen

Die digitale Transformation betrifft nicht nur sämtliche Stufen der industriellen Wertschöpfung, von der Logistik über die Produktion bis hin zur Dienstleistung, sondern hat auch branchen-übergreifend unterschiedliche Einflüsse und unterschiedliche Bedeutungen für den Geschäfts-erfolg jeweiliger Branchen. Eine Lünendonk Studie aus dem Jahr 2016, an der auch Prof. Dr. Buxmann von der TU Darmstadt in Zusammenarbeit mit Lufthansa Industry Solutions mitge-wirkt hat, bestätigt diese Aussage (Buxmann & Zillmann 2016). Zum Beispiel hat die Digitali-sierung in der Automotive Branche eine bedeutendere Rolle für den Geschäftserfolg als in der Logistik oder im Maschinen- und Anlagenbau (Buxmann & Zillmann 2016, S. 10). Zu ähnlichen Ergebnissen kam eine Studie von d.velop (2015), bei der zahlreiche Branchen in Deutschland unter die Lupe genommen wurden. Untersuchungsgegenstand war hier allerdings der digitale Reifegrad von Geschäfts- und Produktionsprozessen (DPI). Folgende Branchen gehören laut Studie zu den Top Performern: Informations-und Kommunikationsindustrie, Banken und Ver-sicherungen, Medien, Elektroindustrie sowie die Automobilindustrie. Maschinen- und Anlagen-bau sowie die Logistikbranche belegen dahingegen die letzten Plätze. Nachfolgende Tabelle 2 zeigt übersichtlich aktuelle Erkenntnisse unterschiedlicher Branchen in Bezug auf die Digitale Transformation unter Berücksichtigung des digitalen Reifegrades. Anhand dieser Tabelle kön-nen folgende Aussagen getroffen werden. Die Branchen sind nach dem DPI absteigend sortiert. Dabei hat die IT- und Telekommunikationsbranche (ITK) den höchsten Wert und damit insge-samt den größten digitalen Reifegrad hinsichtlich der Geschäfts- und Produktionsprozesse. Die umsatzstärkste Branche ist die Automobilbranche. Mit 54,1 von 100 möglichen Punkten schnei-det diese insgesamt mittelmäßig ab. Auch in der Rubrik „Strategische Positionierung zum digi-talen Wandel" hat die Automobilbranche deutlich weniger Punkte als die ITK-Branche. Das be-deutet unter anderem, dass viele Automobilhersteller keine klare digitale Transformationsstra-tegie in ihrer Unternehmensstrategie verankert haben. Spitzenreiter in dieser Rubrik sind die Banken und Versicherungen, bei denen offensichtlich ein Prozess des Umdenkens stattfindet und auch stattfinden muss. In Anbetracht der aufkeimenden Konkurrenz aus dem Internet, den sogenannten FinTecs ist es somit verständlich, dass die Banken die Notwendigkeit einer klaren strategischen Positionierung erkannt haben. Der Top-Performer im Bereich „Ausrichtung auf digitale Geschäftsmodelle" ist allerdings die Medien- und Unterhaltungsbranche. Die gezielte Suche nach neuen digitalen Marktperspektiven nimmt einen hohen Stellenwert bei Unterneh-men aus dieser Branche ein. Wenn es um Innovationsengagement geht, sind die Unternehmen der ITK-Branche wieder auf den Spitzenrängen. Allerdings kann der Befund nicht ganz so pau-schal dargestellt werden, wenn man bedenkt, dass die ITK-Branche, bestehend aus Software- und Hardware-Herstellern, Telekommunikations- und Serviceanbietern sowie Beratungshäu-sern, so heterogen wie keine andere ist. Die Studie sagt einerseits aus, dass deutsche Unterneh-men die digitale Transformation erkannt haben und sie ernst nehmen, andererseits aber auch, dass diese Erkenntnis nicht in jeder Branche gleich ausgeprägt ist und, dass insgesamt noch großes Verbesserungspotenzial existiert.

Branche	Gesamtwert (DPI [1])	Umsatz[2] 2016 (in Milliarden Euro)	Strategische Positionierung zum digitalen Wandel (DPI)	Ausrichtung auf digitale Geschäftsmodelle (DPI)	Innovationsengagement zur Digitalisierung (DPI)
IT & Kommunikation	65,4	159,3	67	52	63
Banken & Versicherungen	61,9	Versicherung: 1,6 Banken: k. A.	68	59	58,5
Medien & Unterhaltung	56,1	0,071	61	60	60
Elektroindustrie	54,2	179	61,5	41	55
Automotive	54,1	404,6	52	41	49
Energie & Versorgung	52,2	333,3	48	36	51,5
Chemie & Pharma	47,9	183,2	47	38,5	53
Logistik	46,8	100,6	42	38	41

Tabelle 2: Digitale Transformation unterschiedlicher Branchen hinsichtlich des digitalen Reifegrades (eigene Darstellung) (d.velop 2015; Statista 2016)

[1] „Mit dem Digital Process Index (DPI) hat das digital intelligence institute (dii) eine Methode entwickelt, die der Statusanalyse von Unternehmen im Hinblick auf den digitalen Reifegrad der Geschäftsund Produktionsprozesse dient. Er wird aus den unterschiedlich gewichteten Ergebnissen von insgesamt zehn Parametern ermittelt und hat einen theoretischen Maximalwert von 100." d.velop, *Branchenatlas Digitale Transformation* (Gescher: d.velop AG, 2015).
[2] Angaben aus Statista (2016)

2.1.4 Digitale Transformationsstrategie

Eine digitale Transformationsstrategie ist eine langfristige Verhaltensweise mit dem Ziel Prozesse, Produkte und strukturelle Aspekte eines Unternehmens dahingehend zu transformieren, dass das Unternehmen den Anforderungen der Digitalisierung gerecht wird. (Matt, et al. 2015; Wirtschaftslexikon 2017c) Dabei wird die digitale Transformationsstrategie als eine unternehmensübergreifende Strategie verstanden, die sowohl operative als auch funktionale Strategien umrahmt. Abbildung 1 zeigt schematisch auf, wo diese Strategie im Kontext verschiedener unternehmerischer Strategien eingeordnet werden kann.

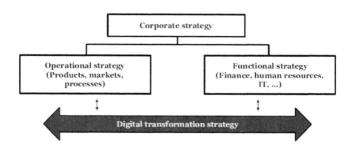

Abbildung 1: Digitale Transformationsstrategie im Kontext unternehmerischer Strategien (Matt, et al. 2015)

Obwohl die digitale Transformationsstrategie eine fundamentale Rolle für die digitale Entwicklung eines Unternehmens spielt, haben bislang nur wenige Unternehmen eine funktionierende und klar definierte Strategie. Einer Studie von Crisp Research zufolge haben rund 42% der befragten deutschen Unternehmen überhaupt eine Strategie, die funktioniert. Die restlichen 58% teilen sich auf in „ist in der Entstehung" mit 43%, „nur auf dem Papier" mit 12% und „Strategie nicht vorhanden" mit 3%. (Büst, et al. 2015, S. 18) Selbst wenn die Strategie tatsächlich definiert und implementiert wurde, so haben viele Unternehmen immer noch die Schwierigkeit einen maßgeblichen Impulsgeber für die digitale Transformation zu bestimmen. Es gibt also Defizite bezüglich der Strategieverantwortung. (d.velop 2015, S. 10) Auch Matt et al. (2015, S. 341) weisen darauf hin, dass es wichtig ist, adäquate und klare Verantwortlichkeiten für die Definition und Implementierung einer digitalen Transformationsstrategie zu bestimmen, da sonst operative Schwierigkeiten die Folge sein könnten. Getreu dem Motto „digital agenda is lead from the top" (Kane, et al. 2015, S. 4) ergibt sich die Möglichkeit die Strategieverantwortung dem CEO, CIO, einem dedizierten digital transformation manager oder dem sogenannten CDO (Chief Data Officer) zu übertragen. Da die digitale Transformation ein langfristiger Prozess ist, sollten die Verantwortlichkeiten allerdings nicht ständig wechseln (Matt, et al. 2015). In ihrem Paper sprechen Matt et al. weiterhin von den vier essentiellen Dimensionen der digitalen Transformation und fassen sie unter dem Begriff „Digital Transformation Framework (DTF)" zusammen. Die unterschiedlichen Dimensionen, die Bestandteil jeder Transformationsstrategie sind, gilt es in Balance zu bringen. Abbildung 2 zeigt das Zusammenwirken der Dimensionen des Digital Transformation Frameworks.

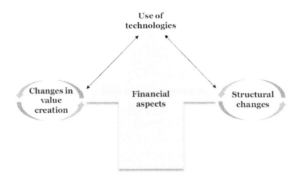

Abbildung 2: Digital Transformation Framework (DTF) - 4 Dimensionen der digitalen Transformation (Matt, et al. 2015, S. 341)

Hess et al. (2016) haben das DTF weiterentwickelt und elf konkrete Fragestellungen, die den vier Dimensionen thematisch zugeordnet sind, formuliert. Manager können die Antworten auf diese Fragen als eine gute Richtlinie und Ausgangsbasis für die Definition und Entwicklung einer Digitalen Transformationsstrategie nutzen. Die elf Fragen, die in das DTF eingebettet sind, befinden sich im Anhang. (siehe Abbildung 10: Schlüsselentscheidungen der Digitalen Transformationsstrategie (Hess, et al. 2016, S. 138))

In Anbetracht der Thematik rund um die Digitale Transformationsstrategie wurden im Jahr 2013 einige interessante wissenschaftliche Publikationen zum verwandten Thema Digital Business Strategy im MISQ veröffentlicht. Im Folgenden werden Erkenntnisse dieser Paper zusammenfassend vorgestellt, denn sie liefern einen ansprechenden Beitrag zu diesem Themenblock.

Den Einstieg machen Bharadwaj et al. (2013), die in ihrer Publikation vier Kernthemen der digitalen Geschäftsstrategie identifiziert haben.

1. Welchen Umfang hat die Strategie (Scope)?
2. Welches Skalierungspotenzial besitzt sie (Scale)?
3. Welche Geschwindigkeit nimmt sie auf (Speed) und
4. Was sind die Quellen der Geschäftswertschöpfung (Sources of business value creation)?

Ähnlich zu dem DTF sind auch das Dimensionen bzw. Fragestellungen mit denen sich Manager in der Praxis beschäftigen müssen, um eine erfolgreiche Digitale Transformationsstrategie aufzusetzen. Mithas et al. (2013) haben sich mit dem Einfluss eines konkurrierenden und umkämpften Wettbewerbsumfelds auf die digitale Geschäftsstrategie beschäftigt und kamen zu folgender Aussage:

„Our findings imply that digital business strategy is not solely a matter of optimizing firm operations internally or of responding to one or two focal competitors, but also arises strikingly from awareness and responsiveness to the digital business competitive environment. (Mithas, et al. 2013, S. 511)

Die Studie sagt im Kern also aus, dass das Unternehmen ein tiefes Bewusstsein und eine gute Reaktionsfähigkeit aufgrund eines konkurrierenden Wettbewerbsumfelds entwickeln muss, um eine erfolgreiche digitale Strategie definieren und umsetzen zu können. Dass diese einen bedeuten Einfluss auf den Geschäftserfolg eines Unternehmens hat, wurde in der Studie von Drnevich und Croson (2013) bestätigt. Dafür haben die Autoren ein Framework entwickelt, welches aufzeigt, wie Investitionen in digitale Ressourcen die Fähigkeit fördert, auf Veränderungen besser reagieren zu können und schlechte Initiativen frühzeitig zu erkennen und aussortieren zu können. Eine digitale Ressource kann beispielweise die Qualität einer Information sein. Die Informationsqualität war ein Schlüsselfaktor in der Studie von Setia et al. (2013), bei der es darum ging, die Relevanz der Informationsqualität für den Kundendienst zu bestimmen. Eine Tabelle, welche sich im Anhang befindet, stellt die hier genannten wissenschaftlichen Publikationen noch einmal kurz dar, um interessierten Lesern die Möglichkeit zu geben diese in der einschlägigen Literatur leichter finden und bei Bedarf im Detail durchgehen zu können. (siehe Anhang Tabelle 9: Publikationen zum Thema digitale Transformationsstrategie und digitale Geschäftsstrategie)

Zusammenfassend lässt sich sagen, dass die Relevanz der Digitalen Transformationsstrategie enorm hoch ist. Einerseits für den Geschäftserfolg, andererseits aber auch für die langfristige digitale Entwicklung des Unternehmens. Mit Hilfe der Erkenntnisse aus den Studien von Hess et al. (2016) und Bharadwaj et al. (2013) ist eine gute Ausgangsbasis für die Formulierung einer individuellen Digitalen Transformationsstrategie gegeben. Diese sollte nicht nur interne Prozesse und Strukturen, sondern auch externe Faktoren, wie etwa die marktbedingten Veränderungen, die sich ändernden Kundenanforderungen und den gesellschaftlichen Wandel mit den begleitenden Barrieren und Herausforderungen, berücksichtigen.

Damit schließt der Autor dieser Arbeit die Grundlagen bezüglich der Thematik rund um die digitale Transformation in Organisationen ab und widmet sich im nächsten Kapitel dem eigentlichen Kernthema der Arbeit – bimodale IT/Two-Speed IT. Die Implementierung einer bimodalen IT-Architektur kann dabei als eine konkrete Vorgehensweise im Rahmen der digitalen Transformation von Organisationen gesehen werden.

2.2 Literaturanalyse zur bimodalen IT-Architektur

Nachdem im vorherigen Kapitel die Grundlagen der digitalen Transformation in Organisationen gelegt wurden und der Leser die Herausforderungen aber auch Chancen, die mit dieser Entwicklung einhergehen, verstanden hat, wird nun ein Aspekt dieser Thematik im Detail untersucht. Dieses Kapitel thematisiert die bimodale IT-Architektur, in Kurzform auch bimodale IT oder Two-Speed IT genannt. Es handelt sich um eine konkrete Vorgehensweise zur Bewältigung der Herausforderungen der digitalen Transformation und zur Nutzung der Chancen, die diese mit sich bringt.

Die Literaturanalyse gliedert sich in zwei Unterabschnitte auf. Im ersten wird die bimodale IT definiert. Im zweiten werden einzelne Inhalte der bimodalen IT systematisch erläutert, darunter die konkreten Möglichkeiten wie die bimodale IT im Unternehmen eingesetzt werden kann, der Stand der Literatur bezüglich der Stärken und Schwächen, sowie die Rahmenbedingungen für eine erfolgreiche Implementierung.

2.2.1 Definition der bimodalen IT

Bei der bimodalen IT handelt es sich um eine IT-Organisationsstruktur, die im Wesentlichen aus zwei unterschiedlichen, aber kohärenten, Modi besteht. Modus 1 ist dabei auf den Erhalt der traditionellen IT und dessen robusten sowie vorhersagbaren Prozessen und Abläufen optimiert. Dabei hat die Zuverlässigkeit, Verlässlichkeit und Ausfallsicherheit der IT-Systeme die höchste Priorität. Bei Modus 2 geht es vor allem darum, möglichst flexibel und agil zu sein. Der Problemlösungsprozess wird bei Modus 2 wesentlich kreativer und experimentierfreudiger angegangen. Die Entwicklungszyklen sind sehr kurz angesetzt und ermöglichen sehr schnelle Ergebnisse. Die höchste Priorität hat in diesem Modus die Agilität und Flexibilität sowie die Nähe zum Kunden.

Weiterhin führt Gartner aus: „*Both modes are essential to create substantial value and drive significant organizational change, and neither is static. Marrying a more predictable evolution of products and technologies (Mode 1) with the new and innovative (Mode 2) is the essence of an enterprise bimodal capability. Both play an essential role in the digital transformation.*" (Gartner 2014)

Gartner wird auch weiterhin eine bedeutende Rolle einnehmen, den sie gelten als die Erfinder dieses bimodalen Ansatzes, welcher in Literatur und Praxis sehr umstritten diskutiert wird und sowohl Befürworter (Bossert, et al. 2014) als auch Gegner (Bloomberg 2015) hat. Einerseits wird argumentiert, dass die bimodale IT problembehaftet ist und die IT in ihrer Ganzheit transformiert werden sollte (Forrester 2016; White, et al. 2016) Andererseits wird auch über weitergehende Ansätze, wie etwa die trimodale oder multimodale IT diskutiert (Cohen 2016).

Gartner deutet mit diesem Ansatz an, dass es durchaus möglich ist, dass beide Organisationsformen (evtl. noch mehr bei Multimodalität) im Unternehmen existieren und nebeneinander erfolgreich sein können. Beide Modi sollten effektiv zusammenarbeiten.

Nachfolgende Abbildung 3 stellt die beiden Modi noch einmal vergleichend dar und unterstreicht die zentralen Unterschiede der Modi. Neben der bereits angesprochenen Zielausrichtung, welche auf der einen Seite die Zuverlässigkeit und auf der anderen die Agilität ist, unterscheiden sich die Arbeitsweisen auch in der Anwendung von Entwicklungswerkzeugen und Prozessen deutlich voneinander. Während Modus 1 den bewährten, jedoch langsamen Methoden wie Wasserfallmodell oder V-Modell vertraut, sind agile Softwareentwicklungsansätze, wie Scrum oder Kanban, charakteristisch für Modus 2.

Mode 1		Mode 2
Reliability	**Goal**	Agility
Price for performance	**Value**	Revenue, brand, customer experience
Waterfall, V-Model, high-ceremony IID	**Approach**	Agile, kanban, low-ceremony IID
Plan-driven, approval-based	**Governance**	Empirical, continuous, process-based
Enterprise suppliers, long-term deals	**Sourcing**	Small, new vendors, short-term deals
Good at conventional process, projects	**Talent**	Good at new and uncertain projects
IT-centric, removed from customer	**Culture**	Business-centric, close to customer
Long (months)	**Cycle Times**	Short (days, weeks)

Abbildung 3: Bimodale IT: Mode 1 und Mode 2 im direkten Vergleich (Gartner 2014)

Weiterhin operiert Modus 2 sehr nah an Kunden und ist somit sehr kundenorientiert. Klassischerweiise sind Systeme und Mitarbeiter, die in Modus 1 arbeiten dem Kunden eher fremd, bzw. treten mit dem Kunden nur selten in direkten Kontakt. Die Entwicklungs- bzw. Implementierungs- oder Release-Zyklen sind ebenfalls unterschiedlich. Hier stehen sich eine geordnete, streng strukturierte Arbeitsweise einer experimentierfreudigen und agilen gegenüber, die teilweise an einen „Try-and-Error"-Ansatz erinnert.

Eine Analogie bleibt in diesem definitorischen Grundlagenkapitel ebenfalls zu erwähnen. Wenn man in der Praxis und Literatur von Sprinter vs. Marathonläufer (Gartner), Schnellboot vs. Tanker (innoQ 2017), Ninja vs. Samurai (Computerbild) oder Motorrad vs. Lokomotive (YYYY) spricht, dann meint man eben diesen bimodalen Ansatz. Die Metaphern stehen dabei jeweils für den beständigen, langsamen und robusten Modus 1 (Marathonläufer, Samurai, Tanker sowie Lokomotive) und für den wendigen, schnellen, agilen Modus 2 (Sprinter, Ninja, Schnellboot und Motorrad).

2.2.2 Aktueller Stand der Literatur und Forschung zur bimodalen IT

Dieser Unterabschnitt behandelt systematisch bedeutende Inhalte und Fragen der bimodalen IT-Architektur und greift dabei auf Erkenntnisse aus Literatur und Forschung zu. Es ist allerdings zu beachten, dass Forschungsergebnisse zur bimodalen IT im Vergleich zur digitalen Transformation relativ rar sind und das Feld noch weitgehend unerforscht ist.

Die Idee von dualen IT-Strukturen wurden bereits in den 70er-Jahren diskutiert. (Abernathy & Utterback 1978; Duncan 1976) Somit kann der Ansatz der bimodalen IT nicht als eine radikale Innovation bezeichnet werden. Als Grundlage und theoretische Fundierung für die Entwicklung moderner Formen der IT-Organisation, dienen die Studien zur organisationalen Agilität und (IT-) Ambidexterität, also die Fähigkeit von Organisationen gleichzeitig effizient und flexibel zu sein (Urbach 2017). Unter organisationaler Agilität bezeichnet man die Reaktion auf veränderte Marktbedingungen durch Antizipation und Innovation oder durch Resilienz und spätere Anpassung (Bharadwaj & Sambamurthy 2005). IT-Ambidexterität überträgt die grundlegenden Konzepte organisationaler Agilität auf die IT-Organisation und unterscheidet zwischen Exploitation (Effizienz, vergleichbar mit Modus 1 der bimodalen IT) und Exploration (Innovation, vergleichbar mit Modus 2 der bimodalen IT). (Urbach 2017)

Im ersten Abschnitt geht der Autor der Arbeit separat auf beide Modi ein und analysiert die jeweiligen Stärken und Schwächen von Modus 1 und Modus 2. Im Anschluss, wird die Literatur nach den optimalen Rahmenbedingungen für die Implementierung und erfolgreiche, langfriste Umsetzung der bimodalen IT, gescannt. Im letzten Abschnitt werden aktuelle Erkenntnisse, bezüglicher der Archetypen und Transformationspfade der Bimodalität in Unternehmen, mit Hilfe einer aktuellen Studie, vorgestellt.

a) Stärke- und Schwächeprofil von Modus 1 und Modus 2

Beide Modi unterscheiden sich deutlich voneinander. Nichtsdestotrotz haben beide ihre jeweiligen Stärken und Schwächen und somit durchaus ihre Daseinsberechtigung im Unternehmen. Auf Basis einer Literaturrecherche soll nun eine kritische Würdigung beider Modi vorgenommen werden. Es werden häufig unterschiedliche Meinungen dargestellt, die nicht unbedingt wissenschaftlich begründet sind. Das sollte bei der Lektüre dieses Abschnitts unbedingt beachtet werden. Zusätzlich wendet der Autor dieser Arbeit der Einfachheit halber den Ausdruck „IT-Aufgabe" für alle möglichen Aufgaben die im Rahmen eines informationstechnologischen Prozesses anfallen können, an. Das kann beispielsweise die Entwicklung einer Software sein, die Migration von Systemen, die Installation und Implementierung eines Systems oder andere informationstechnologische Tätigkeiten.

MODE 1

Stärken

- Planbarkeit und Stabilität bei Durchführung der IT-Aufgabe
- Robustheit
- Qualitativ hochwertige Ergebnisse
- Planbare Finanzierung
- Einfach zu dokumentieren
- Einfaches Monitoring der IT-Aufgabe
- Mitarbeitern weitestgehend bekannt
- Keine Schnittstellenproblematik mit Altsystemen

Schwächen

- Langsam (lange Entwicklungszyklen)
- Fehlende Kreativität
- Fehlende Kundennähe (Kein Kundenfeedback möglich)
- Entwicklungszyklen hängen voneinander ab
- Hoher Planungsaufwand/ intensive Anlaufphase
- Komplizierte Governance-Struktur

MODE 2

Stärken

- Agile und flexible Arbeitsweise
- Schnell (kurze Entwicklungszyklen)
- Kreativität, Innovationen und Experimentierfreude
- Hohe Kundenbindung (regelmäßiger Kundenfeedback)
- Relativ günstig
- Viele Ergebnisse (Quantität)
- Kurze Anlaufphase (Initialisierung)

Schwächen

- Quantität statt Qualität nicht immer wünschenswert
- Nicht entwickeln, sondern „rumexperimentieren" ohne Ergebnisse
- Schlecht plan- und monitorbar
- Trifft auf Widerstände/Barrieren im Unternehmen (Generationenproblem)
- Fähigkeits-/Motivationsbarrieren

Abbildung 4: Stärke- und Schwächeprofil von Modus 1 und Modus 2 (eigene Darstellung)

b) Rahmenbedingungen für eine erfolgreiche Implementierung der bimodalen IT

Das bimodale Modell befindet sich aktuell noch in der Entwicklungsphase. Die Frage nach den Rahmenbedingungen ist somit berechtigt, da auf Seiten der Unternehmen große Unsicherheit herrscht. In der Literatur haben sich bereits einige wenige Aspekte, die für eine erfolgreiche Implementierung der bimodalen IT notwendig sind, herauskristallisiert. Diese sind allerdings nicht konsequent durch wissenschaftliche Studien belegbar.

Eine Schlüsselkompetenz, im Rahmen der digitalen Transformation eines Unternehmens mit Hilfe eines bimodalen Ansatzes, ist das Enterprise Architecture Management (EAM). Dieses fungiert als Brücke zwischen den beiden Modi und hilft dabei die traditionelle und agile IT miteinander zu verbinden:

„EAM gibt sowohl die Rahmenbedingungen als auch IT-Architekturstandards vor, in denen sich Mode 1 und Mode 2 IT-Projekte bewegen, und ergänzt diese durch Verantwortlichkeiten sowie Prozessabläufe, so dass Synergien der beiden Modi entstehen." (Pechardscheck 2015)

In den Ausführungen von Pechardscheck (2015) heißt es weiterhin, dass dafür 5 Maßnahmen notwendig sind.

1. Ergänzung des zentralen Architekturframeworks um Mode 2 Prozesse & Artefakte:

Dabei soll das Architekturframework so ergänzt werden, dass agile Vorgehensweisen nicht in Konflikt mit der traditionellen IT geraten.

2. Ausbau des zentralen Technologiemanagements um Mode 2 Technologiezyklen:

Das EAM stellt Regeln für den Umgang mit agilen Technologien bereit und ermöglicht eine flexible Planung der Technologiezyklen.

3. Kontinuierliche Bebauungsplanvorgaben gemäß Mode 1 und Mode 2:

Stetige Anpassung und Erweiterung der IT-Zielarchitektur für Mode 1 und Mode 2. Ein Verfahren sollte etabliert werden, um die jährlichen Soll-Bebauungsplanvorgaben für Mode 1 IT-Projekte zu aktualisieren und die Änderungen aus den unterjährigen Mode 2 IT-Vorhaben miteinfließen zu lassen (Pechardscheck 2015).

4. Aufnahme von Mode 2 Architekturbausteinen im Enterprise Architecture (EA) Repository:

Daten in dem EA Repository kontinuierlich aktualisieren und Architekturbausteine sowie Referenzarchitekturen als modularen Baukasten speziell für Mode 2 bereitstellen.

5. Integration von EA Quality Gates in agile Projektmethoden:

Architekturmanagement-Reviews in Form von "Enterprise Architecture Quality Gates" in die agilen Projektmethoden (z.B. Scrum, Kanban) zur Realisierung von Mode 2 Projekten integrieren. Dabei die IT-Architekturstandards beachten.

Weiterhin sind neue Managementlösungen gefragt, die die Administration heterogener Strukturen unterstützen. Es folgt ein Ausschnitt der Überlegungen von Matthias Pfützner, seinerseits Autor von computerwoche.de:

„Entscheidet sich ein Unternehmen für die Implementierung und Nutzung einer bimodalen IT, sind neue Management-Lösungen vonnöten, die die Administration heterogener Strukturen unterstützen. Ohne eine übergreifende Managementumgebung sind IT-Abteilungen auf Tools für jede einzelne Plattform angewiesen und müssen in mehreren parallel betriebenen Systemen die gleichen Regeln und Richtlinien verwalten und ihre Einhaltung überwachen. Eine einheitliche Management-Plattform verknüpft beispielsweise die verschiedenen On-Premise-, PaaS- und IaaS-Komponenten einer Applikation [...]." (Pfützner 2015)

Zusammenfassend lässt sich also sagen, dass die neue Managementlösung ein Kooperationsmodell propagieren soll, in dem sich die unterschiedlichen Kulturen bei aller Eigenständigkeit gut zusammenfinden. Die Berücksichtigung der unterschiedlichen „Mindsets" der beiden Arbeitsweisen ist von immenser Bedeutung. Es gibt keinen „guten" oder „schlechten" Modus, sondern beide Modi sind gleichermaßen relevant und sollten sich gegenseitig ergänzen. (Frenzel 2016)

Abschließend zum Unterpunkt „Optimale Rahmenbedingungen" lässt sich sagen, dass die Transformation in eine bimodale Welt eine große Herausforderung für jede IT-Organisation darstellt und zweifellos mehrere Jahre benötigt werden, um diese erfolgreich durchzuführen. Allerdings ist die IT damit in der Lage, die heutigen, aber auch die künftigen Anforderungen der Geschäftseinheiten sehr gut zu erfüllen und damit ihrer neuen Rolle gerecht zu werden. (Frenzel 2016) Wie diese bimodale Welt konkret in einem Unternehmen aussehen kann, beantwortet der nachfolgende Abschnitt.

c) Archetypen und Transformationspfade („IT transformation journeys") der bimodalen IT

Bisher wurde viel über die bimodale IT und deren Modi gesprochen, allerdings wurde nicht geklärt wie dieser Ansatz im Unternehmen konkret aussehen soll. Welche Möglichkeiten gibt es also eine bimodale IT im Unternehmen zu implementieren?

Um diese Frage zu beantworten zieht der Autor der Arbeit eine aktuelle Studie, durchgeführt vom Fachgebiet ISE der TU Darmstadt in Kooperation mit der University of New South Wales, heran. An dieser Studie, welche im Laufe des Jahres im MISQ erscheinen wird, nahmen 19 global tätige Unternehmen teil.

Unter anderem fanden Benlian et al. (2017) heraus, dass es vier Möglichkeiten zur Umsetzung der bimodalen IT in Unternehmen gibt. Diese werden als die 4 Archetypen der bimodalen IT bezeichnet. Abbildung 5 zeigt schematisch wie sich die Archetypen voneinander unterscheiden. Im Folgenden werden die Archetypen nacheinander vorgestellt und erläutert.

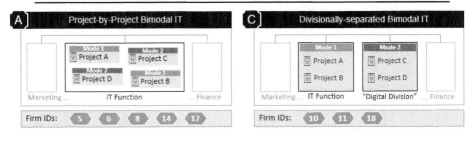

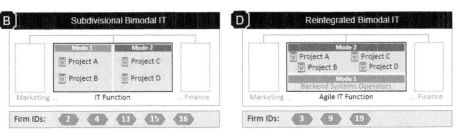

Abbildung 5 : 4 Archetypen der bimodalen IT (Benlian, et al. 2017)

A: Project-by-Project Bimodal IT

Bei dieser Ausführungsform sind sowohl Modus 1 als auch Modus 2 Bestandteil der IT Funktion, das heißt beide Modi befinden sich im strukturellen Rahmen der IT-Geschäftseinheit. Die Bimodalität zeigt sich bei der Durchführung von Projekten, denn je nach Projekt und dessen Eigenschaften, kann dieses Projekt im Modus 1 oder Modus 2 durchgeführt werden. Somit ist es notwendig sich vor Durchführung des Projektes zu entscheiden, in welchem Arbeitsmodus dieses Projekt durchgeführt werden soll. Hierfür ist es sinnvoll einen Kriterienkatalog anzufertigen, um die Entscheidungen standardisiert treffen zu können.

B: Subdivisional Bimodal IT

Auch in dieser Ausführungsform finden beide Modi innerhalb der IT-Funktionsstrukturen statt. Allerdings wird die IT Funktion in Modus 1 und Modus 2 aufgeteilt. Charakteristisch für diese Aufteilung sind die unterschiedlichen Skillsets der Mitarbeiter. Während die einen am besten in Mode 1 arbeiten, sind die anderen in Mode 2 am sinnvollsten einsetzbar. So können die Skills der Mitarbeiter optimal genutzt werden. Nichtsdestotrotz kann es hierbei zu Konflikten zwischen den Mitarbeitern der unterschiedlichen Modi kommen.

C: Divisionally-separated Bimodal IT

In dieser Ausführungsform existiert neben der traditionellen IT-Funktion eine neue Unternehmensfunktion, die häufig als „Digital Unit" bezeichnet wird. Während in der ursprünglichen IT Funktion nach Mode 1 gearbeitet wird, wird in der Digital Unit der Modus 2 gewählt. Bei der Umsetzung der bimodalen IT, mit Hilfe dieses Ansatzes, sollten zwei Aspekte berücksichtigt werden. 1. Obwohl die traditionelle IT bestehen bleibt und in Modus 1 arbeitet, heißt das nicht, dass auch diese Geschäftseinheit, nicht modernisiert werden kann oder für Mitarbeiter unattraktiv gestaltet ist. Es handelt sich lediglich um eine andere Denk – und Arbeitsweise als in der „Digital Unit". 2. Die neu kreierte Geschäftseinheit erfordert ebenfalls eine Führungsposition. In der Praxis hat sich hierfür oftmals der sogenannte CDO bewährt.

D: Reintegrated Bimodal IT

Die letzte Umsetzungsform, die in diesem Abschnitt vorgestellt wird, ist unter gewissen Gesichtspunkten auch gleichzeitig die radikalste. Hierbei wird Modus 1 nur zu „backendzwecken" operativ eingesetzt, das heißt also, dass Modus 1 keinerlei Geschäftsbezug hat. Somit werden Projekte ausschließlich in Modus 2 durchgeführt. Diese Form lässt sich aufgrund ihrer radikalen Umstrukturierung der IT-Organisation, im Gegensatz zu den anderen dreien, nicht direkt umsetzen. Bevor D implementiert werden kann, muss als Zwischenstation A, B oder C gewählt werden.

Eine weitere Beobachtung von Benlian et al. (2017) sagt aus, dass die Transformation der traditionellen IT Funktion hin zur reintegrierten bimodalen IT (Archetyp D) über verschiedene Pfade verläuft. Die drei Archetypen (A, B und C) stellen jeweils die Zwischenstationen dar. Abbildung 6, die an einen Nahverkehrsnetzplan („Metro-Map") erinnert, zeigt die Transformationswege. In diesem Netzplan gibt es insgesamt 9 Transformationswege, die im Folgenden kurz über eine Szenario-Darstellung erläutert werden.

1. Traditionell → Project-by-Project (A): Das Unternehmen entscheidet sich für einen agilen Ansatz, wenn es um die Ausführung einiger ausgewählter Projekte geht.

2. Traditionell → Subdivisional (B): Das Unternehmen spaltet die IT Funktion in Mode 1 und Mode 2 und setzt Projekte entsprechend um.

3. Traditionell → Divisionally-separated (C): Das Unternehmen implementiert die agile Arbeitsweise (Mode 2) außerhalb der IT Funktion. Die IT Funktion operiert nur über Mode 1 und die neu etablierte Geschäftseinheit („Digital Unit") operiert über Mode 2.

4. A → B (oder B → A): Es findet ein Wandel innerhalb der IT-Organisation des Unternehmens statt. Projekte werden nun nicht mehr nach Mode 1 oder Mode 2 klassifiziert, sondern, es gibt eine klare Aufteilung der gesamten IT Funktion nach Mode 1 und Mode 2. (Rückweg: ein Zusammenschluss der IT Funktion zu einer nicht geteilten Einheit.)

5. A → C (oder C→ A): Das Unternehmen lagert alle Mode 2 Projekte in eine separate Geschäftseinheit um und benennt diese „Digital Unit". Diese Geschäftseinheit wirkt wie eine autarke, von der IT-Funktionseinheit weitestgehend unabhängige, Einheit. In der „Digital Unit" entsteht eine neue Führungsrolle, die vom CDO übernommen wird. (Rückweg: Unternehmen verlagert Mode 2 in die klassische IT Funktion.)

6. B → C (oder C → B): Geteilte IT-Funktion wird dahingehend umstrukturiert, dass Mode 2 in eine unabhängige Geschäftseinheit, die „Digital Unit" überführt wird. (Rückweg: Mode 2 wieder Bestanteil der IT Funktion)

7. A → Reintegrated (D): Das Unternehmen entscheidet sich den Bimodalen IT-Architekturansatz vollständig zu implementieren, sodass Mode 2 nur noch für Backendprozesse genutzt wird und alle Projekte in Mode 1 durchgeführt werden.

8. B → Reintegrated (D): Die Trennung innerhalb der IT Funktion wird aufgehoben.

9. C → Reintegrated (D): Die Trennung zwischen IT Funktion (Mode 1) und „Digital Unit" (Mode 2) wird aufgehoben.

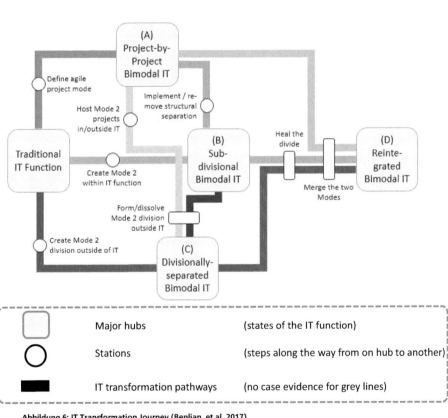

Abbildung 6: IT Transformation Journey (Benlian, et al. 2017)

3 Entwicklung eines konzeptuellen Rahmens

Das Wissen, welches in dem Grundlagenkapitel dargelegt wurde, dient nun als theoretische Ausgangsbasis für das zu entwickelnde Modell. Während die Einblicke in die Historie und der Ausblick auf zukünftige Trends, sowie die Branchenanalyse lediglich ein Grundverständnis aufbauen sollten, sind die Kapitel rund um die digitale Transformationsstrategie und im Besonderen die bimodale IT Architektur für die Inhalte des konzeptuellen Rahmens dieser Masterthesis relevant.

Dieses Kapitel beschreibt wie das Forschungskonzept aussieht. Zunächst wird der qualitative Forschungsansatz beschrieben, im Anschluss geht der Autor dieser Arbeit auf die Situationsanalyse ein. Abschließend wird das Forschungsmodell, welches die qualitative Forschungsmethodik und die Situationsanalyse kombiniert, schematisch dargestellt.

3.1 Anwendung eines qualitativen Forschungsansatzes

Eine wissenschaftliche Arbeit beinhaltet typischeYYYYise einen Forschungsansatz, der entweder der quantitativen oder der qualitativen Natur entspricht. Eine Kombination der beiden Ansätze ist ebenfalls vorstellbar. Je nach Wahl des Ansatzes kommen andere Forschungsmethoden und Instrumente zum Einsatz und auch die Forschungsergebnisse unterscheiden sich voneinander. Während bei einer quantitativen Forschung im Rahmen von Befragungen eine sehr große Menge an unterschiedlichen Daten erhoben werden und dann zuvor aufgestellte Hypothesen mit Hilfe dieser Daten angenommen oder abgelehnt werden, sieht der qualitative Ansatz eine andere Methodik vor. (Brüsemeister 2008) Der qualitative Ansatz zielt auf die Entdeckung oder Generierung von Theorieaussagen auf Basis durchgeführter und ausgewerteter Interviews.

Wie bereits geschildert ist die bimodale IT ein spezielles Thema aus dem Themengebiet der digitalen Transformation und wird auch in der Praxis relativ kritisch diskutiert. Eine breit angelegte, öffentliche Studie macht wenig Sinn. Der Autor dieser Arbeit erachtet es als sinnvoller eine qualitative Studie mit Interviewpartnern, die zum Teil auf C-Level Ebene und damit eine gewisse Machtbefugnis im Unternehmen haben, durchzuführen. Die qualitative Studie wird von einem Interviewleitfaden umrahmt, welcher gezielte Fragestellungen zum Thema Digitale Transformation und im Speziellen zur bimodalen IT, beinhaltet. Der Interviewleitfaden, inklusive der gezielten Fragen, werden im nächsten Kapitel dargestellt. Der Interviewleitfaden lässt sich auch im Anhang wiederfinden (siehe Anhang: B Interviewleitfaden). Die Ergebnisse der Interviewauswertung fließen zum einen in die bereits angesprochene Theoriegenerierung, bei der der Autor dieser Arbeit auf die Kernaussagen und Handlungsempfehlungen eingehen wird. Zum anderen fließen die Ergebnisse aber auch in die Situationsanalyse zur bimodalen IT, deren Stärken und Schwächen sowie Chancen und Risiken, ein. Der Begriff der Situationsanalyse und deren Rolle in der vorliegenden Masterthesis wird im nachfolgenden Unterabschnitt erläutert.

3.2 Situationsanalyse

Unter einer Situationsanalyse versteht man die Diagnose eines Sachverhaltes oder einer Situation bei Begutachtung unterschiedlich einwirkender Kräfte und Faktoren. Eine Situationsanalyse kann auf sehr unterschiedliche Bereiche angewandt werden wie z.b. im Marketing oder in der Wirtschaftspolitik. (Wirtschaftslexikon 2017b) Die Grundidee ist allerdings jedes Mal dieselbe. Es wird versucht einen Sachenverhalt, möglichst realitätsnah unter Verwendung einer gewissen Methodik, zu analysieren und eine Prognose bzw. eine Strategie zu formulieren. Eine dieser Methodiken ist die sogenannte SWOT-Analyse. Dabei steht der Ausdruck SWOT für Stärken (engl: Strengths), Schwächen (engl.: Weaknesses), Chancen/Möglichkeiten (engl.: Opportunities) und Risiken/Gefahren (engl.: Threats). Die SWOT-Analyse hat ihren Ursprung im militärischen Bereich und ist Grundlage fast aller asiatischer Kampfsportarten. In den 1960er Jahren wurde sie erstmals zur Anwendung im unternehmerischen Wettbewerb von der Harvard Business School vorgeschlagen. Sie gilt weltweit als eine der wichtigsten Methoden zur (strategischen) Situationsanalyse. (Pelz 2016)

Im Rahmen der Arbeit werden die Ergebnisse der qualitativen Interviews mit der SWOT-Analyse kombiniert, es wird eine SWOT-Matrix erstellt und es werden Kernaussagen und Handlungsempfehlungen formuliert. Im Folgenden wird das konzeptuelle Modell schematisch dargestellt.

3.3 Darstellung des Modells im Überblick

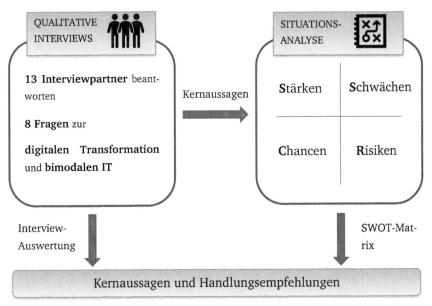

Abbildung 7: Konzeptueller Rahmen der Arbeit

4 Forschungsmethoden

Das Modell, das gerade in Kapitel 3 schematisch dargestellt wurde, greift die angewandte Forschungsmethode bereits ein stückweit vor. Diese setzt sich aus Verfahren der qualitativen Sozialforschung, in Form von Interviews, und einer Situationsanalyse, in Form einer SWOT-Analyse, zusammen.

In diesem Kapitel werden die Forschungsmethoden der Arbeit genauer dargestellt. Nach einer Vorstellung aller Interviewpartner wird der Interviewleitfaden unter die Lupe genommen. Dabei werden die einzelnen Fragen und deren Zweck erläutert. Zum Ende des Kapitels wird die Anwendung der SWOT-Analyse in Bezug auf diese Thesis konkretisiert.

4.1 Durchführung qualitativer Interviews

Im Rahmen des qualitativen Ansatzes wurden 13 Interviews mit Experten aus der Praxis durchgeführt. Darunter zwei hochrangige und allgemein bekannte Vertreter auf C-Level Ebene zweier DAX 30 Unternehmen (YYYY und YYYY), ein Manager des Analystenhauses, dem die Idee der bimodalen IT zugesprochen wird (YYYY), zwei Vertreter einer Firma, die unter anderem die bimodale IT verkauft (YYYY YYYY), ein Praxispartner, der im Rahmen einer bimodalen IT arbeitet (YYYY YYYY), hochrangige IT-Manager (YYYY und YYYY) und weitere Berater und Experten auf dem Gebiet der digitalen Transformation (YYYY YYYY, YYYY YYYY, YYYY YYYY, YYYY, YYYY YYYY).

4.1.1 Vorstellung der Interviewpartner

An der qualitativen Studie nahmen insgesamt 13 Interviewpartner teil. Diese werden nun nacheinander kurz vorgestellt. Jeder Interviewpartner erhält eine ID, das ist die Zahl im blauen Kreis. Klickt man auf die ID gelangt man zum jeweiligen Interviewtranskript, welches sich im Anhang befindet. Die ID wird ebenfalls genutzt, um die Aussagen der SWOT-Analyse den jeweiligen Interviewpartnern zuzuordnen; allerdings wird die Zuordnung nur im Anhang dargestellt. Bei den Bildern handelt es sich, um öffentlich zugängliche Profilbilder (xing, LinkedIn).

1

Interviewpartner: XXXX XXXX

Unternehmen: XXXX XXXX

Position: Head of Cross Function Domain; CIO

Beschreibung: XXXX XXXX ist seit 2013 bei YYYY tätig, wo sie die Rolle als CIO für die YYYY IT Group innehatte und im Innovation Hub von YYYY mitarbeiten konnte, aktuell ist sie Head of Cross Function Domain bei der YYYY YYYY. Bevor sie beim Energie Giganten eingestiegen ist, hat sie 6 Jahre als Group Information Officer bei YYYY gearbeitet. Weiterhin hat sie im Jahr 2011 die Auszeichnungen „3. Platz Global Change Award" und „Platz 8 CIO des Jahres" erworben. Frau XXXX hat eine immense Erfahrung im IT Top-Level Management und kennt sich mit aktuellen Themen und Trends in der informationstechnologischen Branche bestens aus. Aus diesen Gründen ist sie eine ideale Interviewpartnerin für die qualitative Studie.

2

Interviewpartner: XXXX XXXX

Unternehmen: XXXX XXXX

Position: President IS & SCO

Beschreibung: Herr Dr. XXXX ist seit über 20 Jahren für die YYYY tätig. Der studierte und promovierte Chemiker begann seine Karriere als Laborleiter in der chemischen Forschung, hatte später führende Rollen im R&D, Marketing und Supply-Chain Bereich und ist nun seit etwa 4 Monaten für die gesamte globale IT der YYYY verantwortlich. Er verfügt über ein großes branchenspezifisches Know-How und ist ein sehr erfahrener und vielseitiger Manager. Er beschäftigt sich tagtäglich mit Themen, die die digitale Transformation mit sich bringt und ist aufgrund seines hohen Ranges ein wertvoller und geeigneter Interviewpartner.

3

Interviewpartner: XXXX XXXX

Unternehmen: XXXX XXXX

Position: Business Development Manager –

Bereichsleitung Mittelstand Deutschland

Beschreibung: XXXX XXXX arbeitet, seit seinem Management Studium (M.Sc.) in Italien, für das Analystenhaus YYYY und fungiert dort als Business Development Manager. Herr XXXX hat direkten Kontakt zu wichtigen Personen auf C-Level Ebene und unterstützt diese bei der Entscheidung komplexer IT- und Businessentscheidungen. Obwohl er kein Analyst, speziell zum Thema bimodale IT ist, repräsentiert er jedoch YYYY als das Institut, welches die Bimodalität der IT ins Leben gerufen hat, und ist deshalb ein interessanter und geeigneter Gesprächspartner.

4

Interviewpartner: XXXX XXXX

Unternehmen: XXXX XXXX

Position: Manager Enterprise Presales North

Beschreibung: XXXX XXXX arbeitet seit über 6 Jahren für YYYY YYYY, einem der größten IT Serviceprovider weltweit. Als Manager Enterprise Presales verkauft Herr XXXX XXXX unter anderem die bimodale IT und ist somit ein Experte auf diesem Gebiet. Der studierte Diplom-Kaufmann kennt die Schwächen und Stärken dieses Ansatzes wie kein Zweiter und leistet deshalb einen wertvollen Beitrag, gespickt mit vielen Praxisbeispielen, für diese Masterthesis.

5

Interviewpartner: XXXX XXXX

Unternehmen: XXXX XXXX

Position: Advisory Systems Engineer

Beschreibung: XXXX XXXX ist auch bei YYYY YYYY tätig und arbeitet gemeinsam mit Herrn XXXX XXXX an den Themen der digitalen Transformation. Er berät seit 20 Jahren Kunden im Großkundenbereich und ist aktuell in seiner Rolle als Advisory Systems Engineer für die YYYY

YYYY tätig. Herr XXXX XXXX leistet aufgrund seiner langjährigen Erfahrung im Business-IT Umfeld und aufgrund seiner ausgeprägten Beratungsfähigkeiten einen wertvollen Beitrag und ist ein geeigneter Interviewpartner.

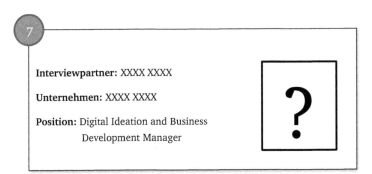

Interviewpartner: XXXX XXXX

Unternehmen: XXXX XXXX

Position: Teamleiter Configuration
Management

Beschreibung: Herr Dr. XXXX XXXX ist als Teamleiter Configuration Management bei der österreichischen YYYY YYYY GmbH tätig. Er ist einer der wenigen Interviewpartner, die die bimodale IT in ihrer IT-Organisation etabliert haben und nach deren Strukturen und Regeln arbeiten. Der studierte und promovierte Informatiker ist ein Experte auf dem technischen Gebiet (u.a. DevOps und agile Softwareentwicklung) und ergänzt dadurch den Pool an Praxispartnern sehr gut. Aufgrund seiner technischen Expertise und seiner praktischen Erfahrung mit der bimodalen IT, ist Herr Dr. XXXX XXXX ein hervorragender Gesprächspartner.

Interviewpartner: XXXX XXXX

Unternehmen: XXXX XXXX

Position: Digital Ideation and Business
Development Manager

Beschreibung: Herr Dr. XXXX XXXX ist ein langjähriger erfolgreicher Manager bei der YYYY

YYYY und hat eine Position inne, die sich „Digital Ideation and Business Development Manager" nennt. Er selbst sieht sich als einen Change Agent für Digitalisierung. Seine IT-Expertise nutzt er, um den Fachbereichen dabei zu helfen das Potenzial digitaler Technologien zu erkennen und zu nutzen. Herr Dr. XXXX XXXX ist ein erfahrener und wertvoller Praxispartner, dem sowohl die digitale Transformation als auch die bimodale IT nicht fremd sind.

8

Interviewpartner: XXXX XXXX

Unternehmen: XXXX XXXX

Position: Betriebs-Koordinator, Trend-Scout, Research-Fellow, CECMG Vorstand

Beschreibung: Herr Dr. XXXX XXXX ist ein sehr vielseitiger Praxispartner. In seiner Primärrolle ist er IT-Betriebs-Koordinator und Trend Scout bei der YYYY YYYY Versicherung, allerdings hat er noch eine Sekundärrolle inne, bei der er als Researcher und Analyst für die YYYY YYYY arbeitet. Seine facettenreiche berufliche Erfahrung trägt sehr positiv zu der qualitativen Studie bei. Herr Dr. XXXX ist ein geschätzter Experte und nennt sich selbst „Urgestein der YYYY YYYY". Im Rahmen dieser Thesis ist er ein äußerst hilfreicher Interviewpartner.

9

Interviewpartner: XXXX XXXX

Unternehmen: XXXX XXXX

Position: Consultant

Beschreibung: Herr XXXX XXXX ist Consultant bei der YYYY YYYY, einem der größten Beratungshäuser für Business Intelligence Lösungen. Seine Studien im Bereich Betriebswirtschaft,

Wirtschaftsinformatik und IT-Management machen ihn zu einem guten Allrounder für informationstechnologische Themen. Herr XXXX XXXX leistet einen guten Beitrag für die qualitative Studie und ist ein nützlicher Praxispartner.

10

Interviewpartner: XXXX XXXX

Unternehmen: XXXX XXXX

Position: Chief Strategy Officer

Beschreibung: Herr XXXX XXXX ist Mitbegründer der YYYY YYYY GmbH und führt dort unterschiedliche Rollen im Top-Management aus. Während der Interviewzeit war er als Chief Strategy Officer tätig, dessen Aufgabe unter anderem in der Beratung von wichtigen Kunden liegt. Die YYYY YYYY ist ein Beratungsunternehmen, welches Mandanten zu den Themen rund um die digitale Transformation und Analyse von IT-Landschaften berät und unterstützt.

11

Interviewpartner: XXXX XXXX

Unternehmen: XXXX XXXX
Position: Architect Digital Transformation

Beschreibung: Herr XXXX XXXX ist seit etwa 2 Jahren für die YYYY YYYY GmbH tätig und führt dort seine Rolle als Digital Transformation Architect aus. Zusätzlich, wie Herr Dr. XXXX, ist Herr XXXX bei der Experton Group als IT-Researcher für das Thema Digitalisierung zuständig. Herr XXXX kann durch seine mannigfaltige Expertise auf den Gebieten der Informationstechnologie glänzen und ist ebenfalls ein erstklassiger Praxispartner, den der Autor für diese Masterthesis gewinnen konnte.

Interviewpartner: XXXX XXXX

Unternehmen: XXXX XXXX

Position: Management Consultant

Beschreibung: Frau XXXX XXXX, die zweite weibliche Interviewpartnerin, ist eine Management Beraterin für die YYYY Solutions and Services. Zu ihren Kernkompetenzen zählen Themen wie die digitale Strategie, Change Management oder digitale Geschäftsmodelle. Seit ihrem Master im Management, den sie in Frankreich erworben hat, ist die multilinguale Frau XXXX bei dem französischen, börsennotierten IT-Dienstleister YYYY tätig. Frau XXXX ist eine erstklassige Expertin auf dem Gebiet der digitalen Transformation und eine exzellente Gesprächspartnerin.

Interviewpartner: XXXX XXXX

Unternehmen: XXXX XXXX
Position: Geschäftsführer; Teamleiter

Beschreibung: Herr XXXX XXXX, welcher zu dem Zeitpunkt des Interviews, Teamleiter bei der YYYY YYYY Austria war, ist ein geschätzter Interviewpartner mit zahlreichen Kompetenzen im IT-Business Alignment und in der SAP Welt. Seit zwei Monaten ist er Geschäftsführer der YYYY YYYY GmbH. Der studierte Wirtschaftsinformatiker und Wirtschaftspsychologe, welcher der zweite österreichische Praxispartner ist, trägt zu einer aufschlussreichen qualitativen Studie positiv bei und ist ein erstklassiger Gesprächspartner.

4.1.2 Vorstellung der Leitfragen und deren methodische Bedeutung

Wie bereits angesprochen, wurden die Interviews anhand eines Interviewleitfadens, den die Partner vorher zugeschickt bekommen haben, durchgeführt. Insgesamt hat der Leitfaden eine äußerst wichtige Bedeutung, denn er verleiht dem Gespräch nicht nur eine gewisse thematische Struktur, sondern führt dazu, dass die Interviews besser vergleichbar sind. Die Fragen erfüllen ihrerseits einen gewissen Zweck für die qualitative Analyse und insbesondere für die SWOT-Analyse, die im nächsten Unterabschnitt beschrieben wird. Zunächst werden allerdings die Fragen des Leitfadens vorgestellt und deren Zweck erläutert. Zusätzlich ist zu beachten, dass der Autor dieser Arbeit sich häufig für offene Fragen entschieden hat, um den Interviewpartnern, die über unterschiedliche Fähigkeiten und Kenntnisse verfügen, die Möglichkeit zu geben, sich frei entfalten zu können.

Frage	Ziel/Zweck der Frage
Themenschwerpunkt: Digitale Transformation in Organisationen	
1. Was sind Ihre Erfahrungen in Bezug auf die digitale Transformation? (Positive und negative)	Diese offene und einfach formulierte Frage ist als „Gesprächs-Eröffner" gedacht. Sie gibt dem Gesprächspartner die Möglichkeit sich frei zu entfalten. Die individuellen Erfahrungen können genutzt werden, um bei der Analyse auf Gemeinsamkeiten und Unterschiede einzugehen.
2. Was bedeutet für Sie der Ausdruck „digitale Transformation"?	Bei dieser Frage sollten die Interviewpartner versuchen den Begriff so kurz und prägnant wie möglich zu definieren, sodass der Autor dieser Arbeit die Möglichkeit hat, eine auf den Antworten basierende Definition, zu formulieren.
3. Welche Technologien oder Konzepte stufen Sie als besonders relevant in Zusammenhang mit der digitalen Transformation ein? (Big Data, Cloud Computing, DevOps, Two-Speed IT, etc.) Erläutern Sie.	Die letzte Frage aus dem Themenschwerpunkt „digitale Transformation" greift etliche Technologien und Konzepte dieser auf. Es dient auch als Überleitung zum inhaltlichen Schwerpunkt bimodale IT.

Themenschwerpunkt: Bimodale IT	
4. Ist Ihnen der Ansatz der bimodalen IT-Architektur („Two-Speed IT") bekannt? Wenn ja, welche Erfahrungen haben Sie damit gemacht?	Ähnlich zu Frage 1, soll auch hier das Thema langsam angegangen und mit einer simplen Frage eröffnet werden.
5. Welche Stärken und Schwächen sehen Sie bei der bimodalen IT?	Die Antworten dieser Frage fließen direkt in die SWOT-Analyse ein.
6. Welche Chancen und Risiken können Sie bei einer bimodalen IT-Architektur erkennen?	Die Antworten dieser Frage fließen direkt in die SWOT-Analyse ein.
7. Welche Rahmenbedingungen (Voraussetzungen, Schlüsselfaktoren etc.) sind Ihrer Meinung nach notwendig, damit eine bimodale IT-Architektur erfolgreich implementiert werden kann und langfristig besteht?	Antworten auf diese Frage werden gesammelt und analysiert. Im Optimalfall hat die interviewende Person, nach Auswertung der Interviews, genug Antworten und Eindrücke gesammelt, um unter anderem die Rahmenbedingungen für eine erfolgreiche Einführung der bimodalen IT formulieren zu können. Die Ergebnisse der Analyse fließen direkt in die „Kernaussagen und Handlungsempfehlungen" ein.
8. Können Sie sich vorstellen, dass die bimodale IT in Ihrem Unternehmen eingeführt wird? Begründen Sie Ihre Antwort.	Eine Frage, die nicht von jedem Interviewpartner beantwortet werden konnte/musste, da die bimodale IT nicht für jede Firma geeignet ist oder der Ansatz bereits implementiert wurde. Nichtsdestotrotz gibt die Frage, sofern sie beantwortet wurde, einen Einblick in die Gefühlslage der Interviewpartner zu diesem Thema.

Tabelle 3: Fragen des Interviewleitfadens

4.2 SWOT-Analyse als Methode

Im Rahmen dieser Thesis wird eine klassische SWOT-Analyse durchgeführt, die sowohl eine interne (Stärken und Schwächen) als auch eine externe (Chancen und Risiken) Analyse beinhaltet (Gabler Wirtschaftslexikon 2017d). Um diese Analyse mit Inhalten zu befüllen, werden die Kernaussagen und die einzelnen Antworten der Interviews herangezogen. Die SWOT-Matrix ist in Tabelle 4 dargestellt.

SWOT-Matrix		Interne Analyse	
		Stärken	Schwächen
Externe Analyse	Chancen	Strategie „Ausbauen" – *Stärken der bimodalen IT nutzen, um Chancen zu sichern und Möglichkeiten zu nutzen.*	Strategie „Aufholen" – *Schwächen der bimodalen IT eliminieren, um neue Chancen und Möglichkeiten zu nutzen.*
	Risiken	Strategie „Absichern" – *Stärken der bimodalen IT nutzen, um Risiken und Gefahren abzuwenden.*	Strategie „Vermeiden" – *Eine Strategie entwickeln, um Schwächen der bimodalen IT nicht zum Ziel von Bedrohungen und Risiken werden zu lassen.*

Tabelle 4: SWOT-Matrix im Rahmen der Masterthesis

Bestandteile der SWOT-Matrix sind nicht nur die einzelnen Stärken, Schwächen, Chancen und Risiken der bimodalen IT Architektur, sondern auch die unterschiedlichen Kombinationen dieser vier Elemente und ebenso die Strategien, die aus diesen Kombinationen hervorgehen.

Die Ergebnisse der SWOT-Analyse (interne Analyse, externe Analyse, Strategien) ergänzen die Kernaussagen und Handlungsempfehlungen zur bimodalen IT.

5 Forschungsergebnisse

In diesem Kapitel werden die Ergebnisse der Experteninterviews und der SWOT-Analyse vorgestellt. Bestandteil der Ergebnisse sind bewusst ausgewählte Ausschnitte der Interviews, die jeweilige aggregierte Kernbotschaft zu jeder Frage sowie die Stärken, Schwächen, Chancen und Risiken der bimodalen IT. Abschließend werden die SWOT-Matrix und die Kernaussagen und Handlungsempfehlungen dargestellt.

Im anschließenden Kapitel 6 werden die Forschungsergebnisse diskutiert und es wird auf die Implikationen und Limitationen der Arbeit eingegangen.

5.1 Ergebnisse der Interviews

Dieser Unterabschnitt stellt die Ergebnisse der Interviews vor. Dabei wird die Struktur des Interviewleitfadens eingehalten und dieser systematisch abgearbeitet. Jede Frage wird mit drei bis fünf bewusst gewählten Antworten aus dem Pool der 13 möglichen beantwortet. Zum Abschluss jeder Fragerunde, wird eine aggregierte Kernbotschaft wiedergegeben.

Themenschwerpunkt: Digitale Transformation in Organisationen

Einleitungstext: Die digitale Transformation ist ein Phänomen, welches immer weitere Kreise in Organisationen und Gesellschaften zieht. Es handelt sich dabei, um einen fundamentalen Umbruch in Arbeits-, Kooperations- und Wertschöpfungsformen in Wirtschaft, Verwaltung und Gesellschaft.

1. Was sind Ihre Erfahrungen in Bezug auf die digitale Transformation? (Positive und negative)

XXXX XXXX (YYYY YYYY): *„Meiner Einschätzung nach, gehen viele Arbeitsstellen durch die Digitalisierung im ersten Schritt verloren. Das war damals bei der Einführung der IT-gestützten Telefonie so, bei dem Umstieg von Kutsche auf Auto. Und die Menschen haben im ersten Schritt immer diese Änderungen abgelehnt. [...] Der klare Vorteil den ich hingegen sehe, ist natürlich die Steigung der Lebensqualität der Gesellschaft im Gesamten, nicht des Einzelnen. Das heißt, ich kriege billigere Waren, ich kann besser vergleichen, ich kriege eine bessere Gesundheitsversorgung, weil ich auch Onlinedienste nutzen kann und nicht bei allem zum Arzt rennen muss. Ich kriege optimaler Weise auch einen günstigeren Straßenverkehr als Beispiel und die Digitalisierung bringt Menschen natürlich auch schnell zusammen."*

XXXX XXXX (YYYY YYYY): *„Also, generell ist die digitale Transformation bei allen Firmen angekommen, [...], man weiß, dass man was tun muss, man weiß aber nicht genau was man tun muss. Es herrscht eine sehr große Unsicherheit am Markt. "Was heißt eigentlich Digitalisierung für uns? Heißt das wir müssen mehr automatisieren? Heißt das wir müssen einfach unsere Prozesse noch digitaler machen?" Die Sache ist die, dass zwischen dem was man sich vorstellt [...] und zwischen dem was in der Basis eingesetzt wird, einfach ein sehr großes Delta ist."*

XXXX XXXX (YYYY): *"A lot of companies are aware of this, but they just don't really know what to do because it's very beautiful to say, you need a digital transformation, but digital transformation is just too generic."*

XXXX XXXX (YYYY YYYY): *„Ich brauche insgesamt im Prinzip das gesamte Unternehmen, aber auch das Commitment des Top-Managements. Also wenn die nicht 100% dahinterstehen und auch die Treiber sind, die im Endeffekt, sie müssen es nicht operativ machen, aber sie müssen ja ständig die Organisation vorantreiben, dann wird es nicht funktionieren."*

Dr. XXXX XXXX (YYYY): *„Bei der digitalen Transformation, da ist es ganz wichtig, kann es nur funktionieren nach meiner Erfahrung, auch nach vielem was ich gehört habe von anderen Firmen, wenn es ganz massiv vom Business getrieben wird, wenn das Business es will und dann Business und letztlich die IT Einheit ganz eng zusammengehen, sodass sie dann nicht mehr in zwei getrennten Organisationen am Ende sich dann wiederfinden. So würden wir das in der YYYY sehen und deshalb gibt es dann auch meine Erfahrungen damit, positive, negative, das ist dann ganz simpel. In dem Moment wo ich im Top Management auf der Business Seite ein starkes Commitment habe, läuft das, da hat man viele Projekte und viele Ideen."*

➜ **Kernbotschaft:** Die digitale Transformation ist ein Thema, welches alle Unternehmen aktuell sehr stark umtreibt. Insgesamt herrscht eine große Unsicherheit bei vielen Firmen, denn sie wissen zwar, dass die Umweltbedingungen, Kundenanforderungen und der Markt sich ändern und sie etwas tun müssen, aber sie wissen nicht wie sie die digitale Transformation angehen sollen. Den Interviewpartnern zufolge hapert es bei vielen an der Formulierung einer digitalen Transformationsstrategie/Digitalisierungsstrategie oder ähnlichem. Kurzum die Herausforderungen werden erkannt und es wird nicht gescheut in diese Bereiche zu investieren, aber eine klare strategische Ausrichtung fehlt bei vielen Unternehmen nach wie vor.

Ein weiterer Punkt der häufig genannt wurde ist, dass der Erfolg der digitalen Transformation innerhalb eines Unternehmens sehr stark von der Mitarbeit und Anleitung der Geschäftsführung abhängt. Eine digitale Strategie muss demnach einem Top-Down Paradigma folgen, bei dem der wesentliche Treiber die Geschäftsetage ist, nur so wird auch gewährleistet, dass genug Ressourcen in die jeweiligen Projekte fließen. Nichtsdestotrotz ist nicht zu vernachlässigen, dass alle Mitarbeiter der betroffenen Fachbereiche an diesem Transformationsgeschehen teilnehmen müssen und auch davon überzeugt sein müssen, dass dieser digitale Wandel des Unternehmens notwendig ist und Vorteile mit sich bringt. Es gilt die bei Mitarbeitern und Verantwortlichen vorhandenen Motivations- und Fähigkeitsbarrieren zu durchdringen, Ängste zu beseitigen und Unsicherheiten abzuschaffen.

2. Was bedeutet für Sie der Ausdruck „digitale Transformation"?

XXXX XXXX (YYYY): *„Also persönlich, sage ich ganz frech, mache ich digitale Transformation seit 30 Jahren. Denn alles was wir früher aus analogen Prozessen mal irgendwann auf irgendwelche Software Systeme digitalisiert oder elektronisch verarbeitet haben, da haben wir Digitalisierung gemacht. Die heutige Digitalisierung ist glaube ich eher Definitionsfrage, dass wir irgendwie klein- teiliger werden und dass wir jeden Prozess im Zweifel nochmal anschauen und zwar einmal auf die bestehende Logik, ob man noch eine höhere Automatisierung erreichen kann, also das ist eigentlich auch nur eine andere Frage der Rationalisierung, aber viel interessanter ist die Digitale Transfor- mation im Kontext neuer Produkte und Services, die wir heute in den Themen, die wir mög- licheYYYYise noch nicht gesehen haben anreichern können. Das ist so für mich die Kernaussage der digitalen Transformation."*

Dr. XXXX XXXX (YYYY): *„Man kann ja im Englischen schön unterscheiden zwischen Digitization, Digitalization und digital transformation, drei Stufen, wobei für mich Digitization die Überführung der analogen in die digitale Welt ist und die Digitalisierung das konsequente digitale Durchdenken und Zusammenschalten von ursprünglichen digitized Dingen und Informationen. Digitale Trans- formation wäre für mich dann das wirkliche Neuaufsetzen von Business Konzepten und vom Busi- ness an sich."*

Dr. XXXX XXXX (YYYY): *„Für mich bedeutet der Ausdruck eine Ergänzung der Produkte und Dienstleistungen, die jedes Unternehmen, also nicht nur YYYY, alle anderen auch anbieten, um datengestützte Dienste oder um Wertbeiträge oder Informationen, die rein aus Daten kommen und diese zusätzlichen Dienste oder Informationen, Technologien konsumieren, die es vor drei oder vier Jahren noch nicht gab und die sehr komfortabel sind, die das Leben als Kunde einfach machen."*

Dr. XXXX XXXX (YYYY YYYY): *„Also bei digitaler Transformation würde ich sagen, dass es eben ein durchgängiger Prozess ist, also auch sehr kundenzentriert oder fokussiert, der vom Kunden geht bis rein in das Bestandssystem, durchgängiger und zwar bitteschön durchgängig digital elektro- nisch. Ohne irgendwelche Medienbrüche drin. Was Sie auch oft erleben ist, dass Sie das Frontend digital haben und die weitere Verarbeitung ist es dann nicht mehr, da werden Daten ausgedruckt usw. "*

Dr. XXXX XXXX (YYYY YYYY): *„Digitale Transformation heißt für mich grundsätzlich, dass tech- nologischer Fortschritt, mehr Automatisierung dort schafft wo Automatisierung möglich ist."*

➔ **Kernbotschaft**: Bei der Definition des Begriffes haben sich die Interviewpartner oftmals sehr schwer getan, diese kurz und prägnant zu formulieren. Es können drei unterschied- liche Ansätze zur Definition dieses Begriffes beobachtet werden.

- Digitale Transformation bedeutet eine Möglichkeit neue Konzepte, Produkte und Services anzubieten und dadurch völlig neuartige Geschäftsfelder für die Unternehmen zu entdecken.

- Die digitale Transformation bedeutet, dass Geschäftsprozesse, Arbeitsabläufe und Produktionsprozesse zunehmend automatisiert werden und die Ressource Information bei dieser Automatisierung eine zunehmend wichtigere Rolle spielt, als bei allen bisherigen Unternehmensumstrukturierungen.

- Digitale Transformation als ein durchgängiger digital-elektronischer Prozess, ohne Medienbrüche.

3. Welche Technologien oder Konzepte stufen Sie als besonders relevant in Zusammenhang mit der digitalen Transformation ein? (Big Data, Cloud Computing, DevOps, Two-Speed IT, etc.) Erläutern Sie.

XXXX XXXX (YYYY): *"All of those technologies which are mentioned are areas of technology which need to coexist. Big Data is a concept that now is evolving into digital analytics, there are even more sophisticated ways of analysing data which would be a primal asset for every company when we go digital into future."*

Dr. XXXX XXXX (YYYY): *„Also die, die da stehen, da sind natürlich alle relevant, aber für mich die essentiellsten sind einmal cloud computing als Voraussetzung überhaupt für digitale Transformation und dann das Paradebeispiel, das für mich für digitale Transformation steht ist Big Data oder auch advanced analytics, denn dadurch, dass jedes Ding eine Internetadresse haben kann und Daten senden kann, habe ich unglaublich viele Daten zur Verfügung, die kann ich aber nur verarbeiten, wenn ich cloud computing nutze und dieses Verarbeiten dieser riesiger Datenmengen mit guten Algorithmen, wird dann dazu führen, dass digitale Transformation tatsächlich gelingt."*

XXXX XXXX (YYYY YYYY): *„Also Technologien, was hier auf jeden Fall mit rein muss, ist Blockchain, muss mittlerweile rein, weil es wahnsinnig wichtig ist für die digitale Transformation."*

XXXX XXXX (YYYY YYYY): *„Also ich würde jetzt nicht irgendeinen Begriff nehmen, sondern meiner Einschätzung nach ist es so, dass die bimodale IT, also die IT der zwei Geschwindigkeiten, der größte Impulsgeber ist. Man muss das Alte noch bewahren und gleichzeitig ist der Druck auf das Unternehmen so groß, dass neue IT Technologien wie hyperkonvergierende Systeme und Source-Plattformen den richtigen Raum brauchen. Das heißt, das sind wirklich zwei Welten, die miteinander konkurrieren. Ich kann jetzt nicht sagen, ich muss das eine oder das andere machen. Ich muss tatsächlich beides machen. Das fällt natürlich Kunden sehr schwer. In gewachsenen Strukturen zwei komplett unterschiedliche Ansätze zu fahren. Also diese bimodale IT, die rührt die Unternehmen schon groß auf. Ich sehe das jeden Tag bei Großkonzernen, die das nicht im Unternehmen machen,* *sondern separate GmbHs bilden. Wenn man das in der Konzernstruktur macht, dann kann man nicht mal einen Schreibtisch bestellen, weil das nicht im Portfolio ist."*

➔ **Kernbotschaft**: Die Interviewpartner gaben insgesamt an, dass alle genannten Technologien relevant sind und es notwendig ist, einen geeigneten Technologiemix aufzustellen, welcher mit der digitalen Strategie des Unternehmens übereinstimmt. Verfolgt man beispielsweise eine Cloud-First Strategie (YYYY, YYYY), dann sind allen voran Cloud-bezogene Technologien relevant (IaaS, PaaS, SaaS). Zu den genannten Technologien und Konzepten, die maßgebend die digitale Transformation von Organisationen begleiten, gehören Cloud Computing, Big Data, Analytics, Machine Learning, AI, Augmented Reality und Virtual Reality, IoT, bimodal IT und DevOps, Blockchain, Robotics sowie der 3D Druck.

Themenschwerpunkt: Bimodale IT

Einleitungstext: Eines der Kernkonzepte der digitalen Transformation ist die sogenannte bimodale IT oder auch „Two-Speed IT", die sehr kontrovers diskutiert wird und sowohl Befürworter als auch Gegner hat.

4. Ist Ihnen der Ansatz der bimodalen IT-Architektur („Two-Speed IT") bekannt? Wenn ja, welche Erfahrungen haben Sie damit gemacht?

XXXX XXXX (YYYY YYYY): *„Bimodalität, warum mache ich das, ich will nah am Kunden dranbleiben, ich will schnell reagieren und meine eigene IT ist mir nicht schnell genug und ich möchte die Softwareentwicklung vorantreiben. Positive Erfahrungen gibt es natürlich und es gibt auch Beispiele. Der AutomobilXXXX im Osten VW, die haben ein Data Lab als ein Entwicklungslab erstellt, da war ich involviert, sie wurden präsent am Markt wieder, sie konnten schneller auf Entwicklungsprojekte reagieren und haben da wirklich einen Geschwindigkeitsvorteil erzielt. Die Herausforderung ist natürlich, das haben Sie abseits der eigenen IT gemacht, die eigene IT war ganz einfach durch die Größe der IT bei VW nicht in der Lage dieses Development Lab so schnell mit Hardware mit Infrastruktur zu versorgen. Das heißt sie haben eine Konkurrenzsituation geschaffen. Diese Konkurrenz im eigenen Unternehmen muss ich von Anfang an steuern! Das ist schon nicht ohne. Ich glaube die Two-Speed-IT ist unabdingbar, wenn ich im direkten Kundenkontakt bin."*

Dr. XXXX XXXX (YYYY YYYY): *„Es ist in erster Linie eine menschliche Sache, die technisch zu bewerkstelligen, dass ich jetzt Entwicklungsstränge unterschiedlicher Geschwindigkeiten, unterschiedlicher Zyklen habe, darin sehe ich grundsätzlich Hürden, die man auch überwinden muss, also Probleme die sich ergeben, technische Herausforderungen, wo man auch Lösungen dafür schaffen muss. Ist aber alles irgendwo im Bereich des unmittelbar schaffbaren, etwas was man kurzfristig* *auch lösen kann. Das was ein längerer Prozess ist, ist eine Reorganisation das Unternehmen daraufhin auszurichten, dass man die Prozesse schafft, die dafür zum Beispiel auch notwendig sind, dass man auch die Kommunikation oder interne Kommunikation auch immer berücksichtigt, dass man in unterschiedlichen Geschwindigkeiten mit anderen Prioritäten mit teilweise gänzlich anderen Mindsets an Aufgabenstellungen herangeht."*

XXXX XXXX (YYYY YYYY): *„Dieser Ansatz hilft schon dem Kunden Neues zu entwickeln, ohne das Alte zu vernachlässigen. […] Was ich sehe ist natürlich, man hat einen erhöhten Kommunikationsaufwand zwischen den Bereichen oder man hat tatsächlich eine Mauer zwischen den Bereichen und das Ansehen in diesen Bereichen ist natürlich auch unterschiedlich. […] Ich habe mir nur überlegt, was wäre denn eine andere Lösung, ich könnte ja nicht das alte einfach abschaffen und nur das neue machen, das können sich ja nur Unternehmen erlauben, die ganz neu auf der grünen Wiese aufsetzen. Startups können das, nur bestehende Unternehmen können ja nicht ihr Kerngebiet abschneiden, sondern müssen einen zweiten Weg finden. Darum ist das der einzige der funktioniert, deshalb muss man einen Weg der zwei Geschwindigkeiten gehen […]"*

XXXX XXXX (YYYY YYYY): *„Bullshit! Okay, das war jetzt ein bisschen sehr flapsig, Tschuldigung, also der Ansatz ist gut, es gibt ein Modell für zuverlässiges Arbeiten und es gibt ein Modell für Agilität. Das ist richtig, Analyse gut, aber die Auswirkung davon ist eine ganz andere was eigentlich bimodal impliziert. Also zum einen ist eine Trennung aus technischer Sicht oft kaum möglich. Zum anderen, ändern sich die Modelle. Ein ganz blödes Beispiel, sie haben ihre Komponenten und es kommt eine Gesetzesänderung. Keine Ahnung der Mehrwertsteuersatz steigt von 19% auf 24%. Da müssen Sie nicht agil entwickeln, das Sachziel ist 100% beschrieben. Was will ich da interpretieren!"*

➔ <u>Kernbotschaft</u>: Die Antworten auf die Erfahrungen mit der bimodalen IT fielen relativ gemischt aus. Die Mehrheit hält es für einen sinnvollen Ansatz, wenn man die IT agiler und flexibler gestalten möchte, aber gleichzeitig die Legacy Systeme nicht abschalten kann. Allerdings wurde gleichermaßen klar, dass die Umsetzung einer bimodalen IT Architektur ein komplexes Unterfangen ist, welches in einen langwierigen Prozess mündet. Ein Unterfangen bei dem die Verantwortlichen auf Herausforderungen und Barrieren stoßen werden. Allen voran wurde hier der Human-Faktor genannt, bzw. das Change Management, welches immens wichtig für eine erfolgreiche Implementierung der Bimodalität ist. Es gab zahlreiche positive aber auch einige negative Erfahrungen in Zusammenhang mit der bimodalen IT.

5. Welche Stärken und Schwächen sehen Sie bei der bimodalen IT?

XXXX XXXX (YYYY): *„Also ich denke einmal die Stärke, die so eine bimodale IT Architektur hat, ist einmal, also ich gehe kurz noch mal zurück, wenn wir früher über product gesprochen in einem klassischen SAP ERP Lösung CRM, dann haben wir über product life cycles gesprochen, die teilweise 7 – 10 Jahre lang waren. Wenn Sie heute in diesen neuen digitalen Lösungen gehen und sehen wie schnell sich das ändert, dann haben sie plötzlich einen life cycle, der möglicheYYYYise in 12 Monaten, also bis sie damit Geld verdienen. Das ist eine große Herausforderung. Das ist natürlich die Stärke dieser bimodalen Architektur, dass sie eben diese kleinen digitalen Lösungen schnell bauen, andocken können und auch schnellstmöglich wieder abdocken. Gleichzeitig eine Stärke dieses Modells ist eigentlich, dass Sie sich konkret, ganz konkret Gedanken machen müssen über ein Datenmodell, denn Daten sind ja nicht nur pures Gold sondern Daten erkennbar sein, transparent sein, identifizierbar sein und diese digitale Two-Speed Architektur braucht das. Das ist ein riesen Vorteil. Schwächen: Ja. Ich denke mal, wenn man nicht aufpasst, dann kann es sein, dass wir nicht Komplexität reduzieren, sondern durch verschiedene Layer, die es in dieser Two-Speed Architektur braucht, wir plötzlich mehr Komplexität aufbauen und eine Schwäche kann sein, wenn das nicht ordentlich gemacht wird, kann man auch schnell den Überblick verlieren.“*

XXXX XXXX (YYYY YYYY): *„Gut fangen wir mal bei den Stärken an. Ich kann mich gegen den Wettbewerb am Markt besser behaupten, also ich kann den Kunden im Fokus haben und dann alle Möglichkeiten für mein Geschäftsmodell auf den Kunden ausrichten. Eine ganz klare Stärke ist auch, dass ich flexibler auf Dinge reagieren kann, wenn ich sie vernünftig aufgebaut habe. Eine weitere Stärke ist auch, wenn ich das Konzept verfolge, dass ich auch gleichzeitig Kosten insofern sparen kann und die gleich wieder investieren kann. Ich automatisiere meine herkömmliche IT und durch die Automatisierung, muss ich natürlich meine Mitarbeiter weiterbilden. Ich kann durch die Automatisierung auch Kosten senken, diese Einsparungen, die ich gemacht habe, kann ich wiederum investieren. […] Eine Schwäche fällt mir ein natürlich die Komplexität steigt, d.h. im muss die richtigen Leute an Bord haben. Mit einer Mannschaft, die das ablehnt, das wird nichts. […] “*

Dr. XXXX XXXX (YYYY YYYY): *„Ich würde das jetzt mal wirklich ausgehend von den zwei Bilder sehen. Das ist also einmal Luxusliner und Schnellboot. Sie müssen beides betreiben, da ist man sich eigentlich auch einig, sowohl bei der YYYY als auch im Umfeld. Sie können nicht von heute auf morgen den Luxusliner torpedieren. Das ist die klassische IT, die wird auch weiterhin gebraucht. Man kann nicht gleich umsteigen auf alles auf App und alles auf komplett neu und machen das auch sehr schnell. Aber das funktioniert nicht. Sie müssen ja beides nebeneinander betreiben. Ja, also da haben Sie den Vorteil, sie können den Luxusliner so weiterfahren lassen, nehmen sich aber nicht das Potenzial, das disruptive Potenzial, muss man auch dazu sagen, um Trends und solcherlei Entwicklungen zu verschlafen, sondern Sie gucken sich die Start-Up Szene an und gucken sich an, wo kriege ich jetzt neue Ideen her. Das sehe ich als riesen Vorteil von diesem bimodalen Modell eigentlich an. So die Schwäche ist, wie eben schon ausgeführt, das ist das Thema wie bekomme ich die zwei unter einen Hut. Wie bekomme ich die Entwicklung vom Start-Up hinterher integriert in* *mein klassisches Business Umfeld. Sehe ich als Schwäche, als Herausforderung. Also wie löse ich das organisatorisch?"*

Dr. XXXX XXXX (YYYY YYYY): „Schwäche: *Ganz stark erhöhter Koordinierungs- und Kommunikationsaufwand. Letzten Endes, die Notwendigkeit Prozesse auch wirklich daraufhin anzupassen, dass man speziell dort wo auch in den technischen Lösungen, die man jetzt in diesen mehreren Strängen vielleicht schafft, wenn dort Abhängigkeiten bestehen, dass man in unterschiedlichen Geschwindigkeiten an gleichen Dingen arbeitet und damit erhöhten Aufwand hat das auf der Zeitachse zu koordinieren."*

➜ Kernbotschaft: Die Interviewpartner haben viele Stärken und Schwächen der bimodalen IT genannt. Die oben aufgeführten Ausschnitte geben dabei einen guten Eindruck von der Antwortenvielfalt. Während eine ausführliche und vollständige Stärken und Schwächen-Analyse, Bestandteil der SWOT-Analyse ist, werden an dieser Stelle die am häufigsten genannten Stärken und Schwächen wiedergegeben.

Häufig genannte Stärken:

- Bimodalität der IT Organisation, als eine Möglichkeit gleichzeitig Altsysteme aufrechtzuerhalten und neue digitale Services und Produkte im Rahmen einer flexiblen und agilen Arbeitsweise zu entwickeln oder zu verwalten.

- Die Möglichkeit eines sehr schnellen IT-Deployments und einer schnellen Integration neuartiger Services und Produkte.

- Erhöhte Kundenorientierung und Reaktionsfähigkeit auf Kundenwünsche und Anforderungen.

Häufig genannte Schwächen:

- Zunehmende Komplexität und Heterogenität der IT-Organisation, aufgrund der Tatsache, dass zwei komplett unterschiedliche Arbeitsweisen Bestandteil einer einheitlichen IT sind.

- Erhöhter Kommunikations- und Koordinationsaufwand innerhalb der IT-Organisation.

- Der Ansatz der Bimodalität erfordert ausgeprägte Kenntnisse und passende Mitarbeiter, die auch motiviert sind diesen umzusetzen.

6. Welche Chancen und Risiken können Sie bei einer bimodalen IT-Architektur erkennen?

XXXX XXXX (YYYY): „Well, I think it is going to be the way that IT organizations will work. Business is changing all the time, so it's not only about the technology if you look at the organizations that always have to adopt market changes and challenges. The influence that technology is having on our society the way the live the way we work and everything we do is actually shaped by technology. And companies will find a way to adapt these circumstances and bimodal IT Is one of the ways to do so. Some companies which will not be able to adapt, will die. [...] Change is always something that people tend to refuse so it's always challenging when you ask a person to do something in a different way. But in an organization, you also have younger employees that are like more in an agile way and are used to be more agile. So with the change of the employees age, this will change as well. "

XXXX XXXX (YYYY YYYY): „Ja, also, das ist ein Risiko. Wenn ich meine IT nicht als Gesamtheit sehe und sage, wir müssen uns alle wandeln durch die Automatisierung. Das Risiko ist also ganz klar, dass die Leute sich da nicht abgeholt fühlen und versuchen ihr eigenes Ding zu machen. Das sehe ich auch täglich bei Projekte, bei Kunden in denen ich bin. Chance: Weiterentwicklung. Weil ohne wird sich nichts, die Geschäftsmodelle, die kommen, die interessiert sich nicht für die Legacy IT. Der nächste Trend, der jetzt kommen wird ist auch Blockchain, und das wird auch die Banken extrem gefährden. "

XXXX XXXX (YYYY YYYY): „es gibt eine Chance für einfach bisschen mehr Geschwindigkeit oder auch einfach eine Plattform zu schaffen wo Dinge realisiert werden können oder auch Innovationen realisieren können, die sie vorher hätten nicht realisieren können. Oft ist es so wenn man irgendwas braucht, schaut man am Markt, kann man es extern einkaufen? Ja dann wird es gekauft, ok, ich muss Berater einkaufen, die das ganze machen. Mit der bimodalen IT hat man aber auch, es kann das Unternehmen verändern, im Sinne von wir werden offener, wir werden schneller. "

Dr. XXXX XXXX (YYYY): „Also ich glaube das ist auch sehr stark industrieabhängig, ich könnte mir vorstellen, dass in einer Industrie in der das Anlagevermögen eher gering ist, nämlich Finanzindustrie, da kann es durchaus sein, dass diese langsame IT irgendwann verschwinden muss, weil die können sich günstige Externe einkaufen, bei einem produzierenden Unternehmen bei Fabriken, die hochspezifisch sind sehe ich das in den nächsten zehn Jahren nicht. Vielleicht sind wir irgendwann soweit, dass man Fabrikationen von innen so modularisieren und standardisieren kann, dass ich in diesen Fabriken alles produzieren kann, Autos genau wie Medikamente, aber da sprechen wir von in 50 Jahren oder sowas vielleicht, deshalb glaube ich dass mittel- eigentlich auch langfristig in unserer Industrie also herstellungsintensiv mit großen Produktionsstätten, weil man das anders heute nicht bauen kann, man weiterhin den Bedarf hat an einem stabilen effizienten also auch kostengünstiger IT-Systemen und da sehe ich es auch als richtig erwiesen, dass man die IT mit klassischen Methoden ausrollt und betreibt. "

➜ Kernbotschaft: Ähnlich wie bei Stärken und Schwächen wurden auch hier einige Chancen und Risiken genannt. Der Autor dieser Arbeit setzt bei Chancen und Risiken den Fokus auf die Weiterentwicklung und Entfaltung der Bimodalität, unter Einfluss unterschiedlicher Faktoren, wie zum Beispiel die Zeit oder die sich ständig verändernden Marktbedingungen. Es folgt eine Darstellung, der am häufigsten genannten Chancen und Risiken.

Häufig genannte Chancen:

- Der bimodale Ansatz kann als eine geeignete Transformationslösung bzw. Übergangslösung gesehen werden, um langfristig das Ziel die IT-Organisation flexibler und agiler zu gestalten, zu erreichen.

- Bimodalität als Chance der langfristigen Sicherung einer überlegenen Wettbewerbsposition.

- Steigerung der Effizienz und Effektivität der Geschäftsprozesse aufgrund der bimodalen IT.

Häufig genannten Risiken:

- Mitarbeiter und Verantwortliche nehmen nicht am Change Prozess teil, weil es intrinsische Barrieren, fehlende Motivation und Fähigkeiten, Unwissen oder mangelnden Anpassungswillen hinsichtlich der bimodalen IT gibt.

- Der Mind-Change oder Cultural-Change findet nicht statt.

- Die Komplexität und Heterogenität ist so stark ausgeprägt, dass sie nicht unter Kontrolle gebracht werden kann und der bimodale Ansatz scheitert.

7. Welche Rahmenbedingungen (Voraussetzungen, Schlüsselfaktoren etc.) sind Ihrer Meinung nach notwendig, damit eine bimodale IT-Architektur erfolgreich implementiert werden kann und langfristig besteht?

XXXX XXXX (YYYY YYYY): *„Das ist eigentlich relativ simpel, ich brauche eben die Offenheit und Verständnis auf der IT Leitungsebene und in dem Moment, wo sie dafür offen sind wandern sie sich automatisch auf die Bedürfnisse, also allein auf das Business, es muss ein Mind Change stattfinden. Sie müssen tatsächlich bereit sein und auch in der Führungsetage diese Umwandlung wollen und ich muss auch schauen, dass ich die richtigen Menschen an Bord habe. Habe ich das, dann habe ich das Fundament dafür geschaffen, dass ich da vorankomme […] auch ein Schlüsselfaktor wird sein: Thema Security. […] Es wird einer der bedeutendsten Faktoren sein, dafür dass das Ding vorankommt. Was dann auch hilft automatisch das Mind Set der IT Abteilung zu verändern. Wenn man das nicht schafft wird die Schatten IT dann immer stärker werden."*

Dr. XXXX XXXX (YYYY): *„Ich glaube hier der Fokus auf den Change-Prozess, Menschen mitnehmen, Menschen begeistern, Menschen befähigen dies zu tun, weil Menschen können das größte Hindernis sein, wenn sie das boykottieren würden. Weil ich glaube die Geschäfte sind sehr offen für solche Methoden, das zweite was ich erreichen muss, das ist auch ein Problem, da haben wir noch gar nicht darüber gesprochen, das sind Ängste in den Vorständen und der Vorstand der YYYY ist ein sehr konservativer Vorstand, der Altersdurchschnitt bei unserem Vorstand ist irgendwo weit über 50. Die haben noch sehr viele Ängste gegenüber Cloud und gegenüber Dingen, die nicht onpremise sind und ja das schaffe ich nicht, wenn der Vorstand am Ende hier nicht mitspielt. Also ich sage mal die eigenen Mitarbeiter und die Keystakeholder einer Organisation, das können auch Strategen sein oder ein Stakeholder, die noch nicht mal digital Immigrants sind geschweige denn digital natives sind, müssen natürlich überzeugt werden. […]"*

XXXX XXXX (YYYY): *„Ja, also Sie müssen glaube ich erstmal auch, erste Voraussetzung was ich gerade gesagt habe ich das Datenmodell. Es muss klar sein, transparent sein. Sie müssen Datenownerschaft haben, sie müssen auch klare Verantwortlichkeiten haben, wer ist verantwortlich für welche Daten und diese Stakeholder müssen Sie mit im Boot haben, andere Rahmenbedingungen sind natürlich, alles was die Gesetzgebung vorgibt. Datenschutz, Security ist ein ganz großer Aspekt, ja der muss mitberücksichtigt werden und dann gibt es für mich die Rahmenbedingungen, setzen Sie gewisse Standards und nutzen Sie auch schon Standards. Ich sag mal wie den API-Ansatz, dass man ihn natürlich so groß wie möglich ausrollen kann. Also großflächig schön ausrollen kann."*

XXXX XXXX (YYYY YYYY): *„Wir brauchen ein Management, das zwischen den zwei Welten orchestriert. Zwischen alter Welt und neuer Welt, man muss ein vernünftiges Wende- und Technologiemanagement haben. Da habe ich sehr viele neue Anbieter, die noch gar nicht mit einem Unternehmen zusammengearbeitet haben, die muss ich alle managen, ich muss entscheiden welche Technologiewege ich gehe, damit ich nicht eine Sackgasse gerate, ich muss gucken ob ich das jetzt alles Open Source mache, oder ob ich vielleicht doch professionelle Hilfe brauche. Also das sind alles Entscheidungen, die ich treffen muss. Dann brauche ich ein Management, das den Entwicklern auch*

Zeit und Raum gibt. Das heißt ich kann schwer in bestehenden Strukturen das entwickeln, ich brauche auch andere Räume, tatsächlich auch physikalisch andere Räume, da wo ich auch gut entwickeln kann. Das bedeutet auch, dass da ein Vorstand dahinterstehen muss, der sagt das will ich. Und nicht so, ja das ist modern mach das Mal sondern ich brauche aktiven Vorstandsreport, der sagt das ist eine gute Sache, damit gehen wir nach vorne. Und ich brauche natürlich ein Management, das die neuen Produkte auch an den Endverbraucher verkauft. Das heißt, nicht nur entwickeln, weil das gibt es schon, sondern auch wirklich einen Nutzen für Kunden stiften und das in das normale Portfolio mit einfließen lassen und dafür Geld bekommt."

XXXX XXXX (YYYY): *„Well I think the key requirement is a reason of having to change. So businesses need to have that reason. Because otherwise when it is a change that starts without having a business outcome it will be just a nice project of doing things a bit differently and it won't be making any impact on the business. When it has to be directly linked to what is the corporate strategy of evolution of the company and being sponsored by the CEO the COO and CFO. "*

➜ Kernbotschaft: Die Frage nach den Rahmenbedingungen, Voraussetzungen und Schlüsselfaktoren ist keine einfache und erfordert zunächst einmal eine individuelle Analyse des jeweiligen Unternehmens. Nichtsdestotrotz gibt es einige Übereinstimmungen in den Antworten der Experten. So hält eine überzeugende Mehrheit den menschlichen Faktor als ausschlaggebend, wenn es um die Entwicklung und Einführung eines bimodalen Ansatzes im Unternehmen geht. Weiterhin erfordert diese Umstrukturierung hin zu einer IT der zwei oder mehreren Geschwindigkeiten einen triftigen Grund, denn sonst handelt es sich lediglich, um ein Projekt welches keinem langfristigen strategischen Ziel entspricht. Die Bimodalität, ebenso wie die digitale Transformation in Organisationen insgesamt, erfordert ein starkes Top-Level Commitment und muss von der Geschäftsleitung getrieben sein. Ein weiterer Punkt, der häufig genannt wurde, ist die IT-Governance. Das heißt wer ist verantwortlich für was, wer orchestriert die langsame und die schnelle Welt? Neben den Verantwortlichkeiten erfordert der bimodale IT Ansatz eine transparente Datenstruktur bzw. Datenmodell. Weiterhin sind Security-Themen auch bei der Bimodalität präsent und sollten bei der Implementierung einer Two-Speed IT nicht vernachlässigt werden.

8. Können Sie sich vorstellen, dass die bimodale IT in Ihrem Unternehmen eingeführt wird? Begründen Sie Ihre Antwort.

→ Diese Frage konnte oftmals nicht gestellt werden, da das Unternehmen bereits nach einem Ansatz arbeitet, welches der bimodalen IT entspricht. Im Folgenden wird stattdessen berichtet wie die einzelnen Unternehmen die bimodale IT intern abbilden.

YYYY: Dr. XXXX sprach von einer „Three-Speed-IT", die bei der YYYY bereits erfolgreich zum Einsatz kommt. Die drei Geschwindigkeiten von der Herr XXXX sprach, lassen sich wie folgt beschreiben. Die vermeintlich langsamste Geschwindigkeit ist die Legacy IT, welche überwiegend aus SAP ERP-Systemen zusammengeschaltet ist. Die mittlere Geschwindigkeit bilden Platform-as-a-Service Architekturen, auf denen verschiedene Softwareapplikationen implementiert werden können. Das Entwickeln einer solchen Applikation kann allerdings mehrere Entwicklungszyklen benötigen und wird deshalb als mittelschnell angesehen. Die schnellste Geschwindigkeit bilden die Software-as-a-Service Modelle, bei denen eine Softwareapplikation erworben und innerhalb kürzester Zeit zum Einsatz kommen kann. In der Unternehmenspraxis wird dann organisatorisch zwischen System-of-engagement (Agile Entwicklung und Einsatz moderner DevOps-Methoden) und System-of-records (SAP-Expertentruppe) unterschieden. Anhand dieser Unterscheidung macht sich der Einsatz der bimodalen IT bemerkbar.

YYYY YYYYGmbH: Im Falle dieses Unternehmens zeigt sich die Bimodalität in der Softwareentwicklung, die sehr stark auf die agile Vorgehensweise abgestimmt ist und dem Mode 2 der bimodalen IT entspricht.

YYYY: Bimodalität ist dort vorhanden, wo es digital hubs gibt. Diese bieten die Möglichkeit in einer offenen und kreativen Umgebung experimentierfreudig zu sein und neue Services und Produkte zu erstellen oder auszuprobieren.

YYYY YYYY: In einer Matrix-Organisation arbeiten Mitglieder aus unterschiedlichen Fachbereichen an einer gemeinsamen Aufgabe im Sinne des Mode 2 der bimodalen IT. Herr Dr. XXXX sprach dabei von einer IT der vielen Geschwindigkeiten.

YYYY: Der wendige Motorradfahrer und die robuste Lokomotive sind Bestandteil der IT Denkweise des Unternehmens. Auch hier gibt es sogenannte digital hubs, die mehr oder weniger dem Archetyp einer Digital Unit entsprechen (Archetyp C: Divisionally Separated Bimodal IT)

YYYY YYYY: Einsatz von Cloud Foundry und DevOps-Methoden begünstigen die agile Vorgehensweise bei Projekten.

YYYY YYYY, YYYY YYYY, YYYY, YYYY YYYY, YYYY: Keine eindeutigen Anzeichen einer bimodalen IT-Architektur erkennbar.

5.2 SWOT-Analyse

In diesem Kapitel werden die Stärken, Schwächen, Chancen und Risiken einer bimodalen IT dargestellt. Grundlage dieser Information sind die ausgewerteten Interviews. Einige Ausschnitte aus den Interviews wurden bereits im vorherigen Abschnitt gezeigt. Es gibt des Weiteren eine klare Zuordnung, welcher Interviewpartner, welche Aussage, bezüglich der Stärken, Schwächen, Chancen und Risiken, getroffen hat. (Siehe dazu Tabelle 10: Aussagen der Interviewpartner mit jeweiliger ID-Zuordnung.)

Stärken und Schwächen sind Aussagen, die das Konzept der bimodalen IT an sich betreffen und nicht Umweltfaktoren, äußere Einflüsse, die zeitbedingte Entwicklung usw. miteinbeziehen. Letzteres werden als Chancen und Risiken bezeichnet.

Die Darstellung der Stärken und Schwächen, sowie Chancen und Risiken erfolgt tabellarisch mit einer jeweiligen Beschreibung. Die genannten Punkte werden dabei nach ihrer Häufigkeit absteigend sortiert.

5.2.1 Stärken und Schwächen

Stärken	Beschreibung
1. Bimodale IT ist eine Möglichkeit gleichzeitig Altsysteme aufrechtzuerhalten und neue digitale Services und Produkte im Rahmen einer flexiblen und agilen Arbeitsweise zu entwickeln oder zu verwalten.	Aufgrund der Fähigkeit des IT-Systems sowohl in Mode 1 (robust, langsam, sicher) als auch in Mode 2 (agil, flexibel, experimentierfreudig) zu operieren, kann die Legacy IT ohne große Umstände weiterhin verwaltet werden und gleichzeitig ist das Unternehmen befähigt neue Geschäftsmodelle, Produkte und Services agil zu entwickeln.
2. Agilität und Flexibilität der IT Organisation steigt aufgrund der Möglichkeiten, die Mode 2 mit sich bringt.	Die Agilität und Flexibilität ist natürlich eine eindeutige Stärke und auch Zweck der bimodalen IT, sodass dieser Punkt sehr häufig genannt worden ist.
3. Eine bimodale IT ermöglicht kurze Entwicklungszyklen durch den Einsatz agiler Arbeitsmethoden.	Agile Softwareentwicklungsmethoden wie Scrum, Kanban, Extreme Programming (XP) gehören zu den Arbeitsweisen des Mode 2 und ermöglichen deshalb eine kundenorientierte und schnelle Softwareentwicklung. Dazu kommt das Arbeitskonzept des DevOps,

	welches ebenfalls dazu beiträgt flexibel und agil zu sein.
4. Erhöhte Kundenorientierung und erhöhte Reaktionsfähigkeit auf Kundenwünsche und Anforderungen.	Bimodale IT ist dazu ausgelegt möglichst kundenfreundlich zu sein und Anforderungen schnell umsetzen zu können. Dabei kann es sich sowohl, um interne als auch um externe Kunden handeln. Zur hohen Kundenorientierung tragen natürlich die bereits erwähnten agilen Arbeitsmethoden bei.
5. Zunehmende Automatisierung der Geschäftsprozesse, Arbeitsabläufe oder Produktionsprozesse.	Die Automatisierung geht mit dem Gedanken der digitalen Transformation einher, dabei kann die bimodale IT dazu beitragen, die Transformation strukturiert anzuführen.
6. Stabilität und Robustheit bestehender IT Systeme geht nicht verloren und wird weiterhin gepflegt, gewartet und aufrechterhalten. (Mode 1)	Der Vorteil einer bimodalen IT liegt nicht nur darin, dass sie flexibel und agil ist, sondern auch darin, dass sie die Legacy Systeme nicht vernachlässigt. Diese werden als gleichwichtig erachtet und unterliegen einem gründlichen Wartungs- und Pflegeprozess.
7. Die bimodale IT fordert ein transparentes Datenmodell.	Eine IT der zwei Geschwindigkeiten kann schnell komplex werden. Um das zu verhindern wird ein, evtl. längst überfälliges, transparentes Datenmodell benötigt. Die Bimodalität zwingt Verantwortliche sich um ein Datenmodell zu kümmern, was hier als Stärke angesehen wird.
8. Weniger Abhängigkeiten zu traditionellen IT-Systemen.	Mode 1 und Mode 2 koexistieren in der IT Organisation, allerdings handeln sie als eigenständige Einheiten, sodass es nahezu keine Abhängigkeiten voneinander gibt.

Tabelle 5: Stärken der bimodalen IT

Schwächen	Beschreibung
1. Die bimodale IT ist mit einem Paradigmenwechsel/Mind-Change verbunden.	Die Umstellung von einer traditionellen hin zu einer bimodalen IT unterliegt einem nicht einfachen Paradigmenwechsel, welcher grundlegende Arbeitsprozesse und Abläufe verändert. Weiterhin führt er dazu, dass einige Systeme abgeschaltet und stattdessen andere Systeme eingeführt werden. Solche Veränderungen erfordern Durchhaltevermögen und Anpassungsfähigkeit der Mitarbeiter und stellen die Management Fähigkeiten auf die Probe.
2. Erfolg hängt sehr stark von den Mitarbeitern, deren Motivation und Fähigkeiten, ab.	Ziehen alle betroffen Mitarbeiter nicht am selben Strang, wird die bimodale IT scheitern. Diese starke Abhängigkeit von den Mitarbeitern wird hier als Schwäche gesehen.
3. Schwierig organisatorisch umzusetzen.	Zwei IT Einheiten zu managen ist eine große Herausforderung, die unbedingt angenommen und erfolgreich gemeistert werden muss. Nichtsdestotrotz ist der Management - Aufwand enorm hoch und damit wird es als eine Schwäche der bimodalen IT gesehen.
4. Hohe Komplexität.	Diese entsteht aufgrund des Einsatzes unterschiedlicher Tools und Arbeitsweisen in der IT. Eine zu hohe Komplexität kann auch als Risikofaktor gesehen werden.
5. Erfordert starkes Top-Level Commitment.	Die Mitarbeit, Anführung und das Engagement der Geschäftsleitung ist notwendig, um das Vorhaben erfolgreich umzusetzen.
6. Trennung aus technischer Sicht kaum möglich, technologische Schwierigkeiten.	Bei individuellen Fällen kann es zu starken technischen Schwierigkeiten kommen, so-

	dass der Einsatz der Bimodalität nicht vollständig implementiert werden kann, weil eine saubere Trennung aus technischer Sicht nicht möglich wäre.
7. Steigende Heterogenität der IT-Systeme.	Es ist ein mit der steigenden Komplexität verwandter Punkt. Die Vielfältigkeit der IT-Systeme kann zu einem Überblicksverlust führen.
8. Erhöhter Kommunikations- und Koordinationsaufwand.	Es muss unter Umständen ein komplett neues Kommunikationsmodell erstellt werden, was mit einem hohen Aufwand verbunden ist.
9. Auftreten von Barrieren und Widerständen.	Barrieren und Widerstände menschlicher Natur verhindern eine erfolgreiche Implementierung der bimodalen IT.
10. Einführung einer bimodalen IT ist ein langwieriger Prozess.	Die Implementierung der bimodalen IT nimmt viel Zeit in Anspruch. Es braucht eine gewisse Anlaufphase bis das vollständige Potenzial der Two-Speed IT ausgeschöpft werden kann.
11. Ängste der Menschen, die die bimodale IT als eine Bedrohung sehen, auch weil sie fürchten ihren Arbeitsplatz zu verlieren.	Die Ängste der Mitarbeiter ist auf die gesamte Umstellung der IT Organisation zurückzuführen. Sie fürchten um ihren Job, was zu einer Beeinträchtigung der Leistungsfähigkeit und zu Unzufriedenheit führt.
12. Zunehmende Relevanz von IT Governance ist notwendig. Das stellt einen Aufwand dar.	Die IT Governance muss unter Umständen umstrukturiert werden, da die bimodale IT neue Rollen und Verantwortlichkeiten fordert.
13. Hohe Kosten.	Mitarbeiter müssen neu eingestellt werden oder bestehende Mitarbeiter werden von einer

	anderen Stelle abgezogen. Das führt zu Kosten und stellt somit eine Schwäche dar.
14. Schwierigkeiten beim Management von Schnittstellen.	Aufgrund der Koexistenz von Mode 1 und Mode 2 kann es trotz geringer Abhängigkeit der Modi zu steigernden Schnittstellenapplikationen führen, die ebenfalls gemanagt werden müssen.
15. Ansehen von Mode 1 und Mode 2 ist unterschiedlich.	Mitarbeiter in Mode 1 könnten sich benachteiligt fühlen.

Tabelle 6: Schwächen der bimodalen IT

5.2.2 Chancen und Risiken

Chancen	Beschreibung
1. Chance das Unternehmen disruptiven Innovationen zu öffnen.	Die bimodale IT stellt aufgrund des Mode 2 eine gute Möglichkeit dar das Unternehmen gegenüber neuen Technologien und Innovationen zu öffnen, sie auszuprobieren und sie in einem beobachteten Umfeld einzusetzen.
2. Sicherung einer guten Wettbewerbsposition/Steigerung der Wettbewerbsfähigkeit.	Eine klare Chance für Unternehmen besteht darin, mithilfe einer flexiblen IT-Architektur schnell auf Kundenanforderungen, auf Markt- und Wettbewerbsveränderungen zu reagieren. Das führt dazu, dass das Unternehmen sich einen Wettbewerbsvorteil erarbeiten kann.
3. Eine Möglichkeit das Unternehmen zu verändern.	Manchmal ist im Unternehmen eine Änderung fällig, allerdings fehlt oftmals entweder der Antrieb dazu oder es fehlen der strukturelle Rahmen bzw. der systematische Fahr-

	plan. Die Two-Speed IT kann dabei diese Antriebskraft sein, um den Veränderungsprozess anzustoßen.
4. Schaffung neuer zukunftsorientierter Arbeitsrollen aufgrund der bimodalen IT.	Die bimodale IT geht Hand in Hand mit den von Forrester propagierten zukünftigen Arbeitsrollen und notwendigen Skills. Darunter beispielsweise der User Experience Manager oder der Relationship Manager (Pütter 2015). Diese Rollen können gut in die bimodale IT integriert werden.
5. Chance junge Mitarbeiter direkt in den bimodalen Prozess zu integrieren.	Aufgrund des natürlichen Generationenwandels werden immer mehr und mehr junge Mitarbeiter eingestellt, die sich dann sehr gut in den bimodalen Prozess und in die damit verbundene flexible Arbeitsmethodik einfügen lassen.
6. Möglichkeit zukünftige, neue Technologien einfach in die bestehende IT-Organisation zu integrieren.	Die offene Auslegung des Ansatzes führt dazu, dass sich disruptive Innovationen und neue Technologien gut in das bestehende Systemen Geflecht integrieren lassen.
7. Schatten-IT ablösen/ IT kommt aus ihrem Schattendasein raus.	Die IT der zwei Geschwindigkeiten ist eine Möglichkeit die vorhandene und zunehmend wachsende Schatten-IT abzulösen.
8. Bimodale IT als Impulsgeber der digitalen Transformation.	Die bimodale IT ist ein Konzept im Rahmen der digitalen Transformation von Organisationen und kann als Impulsgeber bzw. als Leitfaden des digitalen Wandels einer Organisation genutzt werden.
9. Chance langfristig Kosten einzusparen und das Gesparte woanders zu reinvestieren.	Wenn die Prozesse und Arbeitsabläufe gut implementiert wurden und effizient ablaufen, dann ist die Möglichkeit vorhanden Transaktionskosten zu senken und diese Ersparnis zu reinvestieren.

10. Möglichkeit sich von der Konkurrenz ab- zuheben.	Ähnlich dem bereits genannten Punkt, der vorteilhaften Wettbewerbsposition, kann das Unternehmen natürlich auch ein Alleinstellungsmerkmal generieren.

Tabelle 7: Chancen der bimodalen IT

Risiken	Beschreibung
1. Barrieren können nicht durchdrungen werden.	Das Risiko besteht, dass die Barrieren, die bereits als Schwäche identifiziert wurden, nicht durchdrungen werden können. Aufgrund vorhandener Informationsasymmetrien zwischen der IT-Leitung und den betroffenen Mitarbeitern könnten im Sinne der Prinzipal-Agenten Theorie hidden intentions (z.B. Mitarbeiter fühlen sich nicht wohl in der neuen IT-Organisation und wollen die Umsetzung absichtlich sabotieren) und hidden actions (z.B. Mitarbeiter führen eigene Projekte durch) entstehen.
2. Überblick über die IT-Landschaft geht verloren.	Bei einer zunehmend heterogenen und komplexen IT-Landschaft ist ein transparentes und zuverlässiges Datenmodell und eine gute Governance Struktur notwendig. Ist das nicht der Fall, so besteht das Risiko, dass ein unübersichtliches und intransparentes IT-Geflecht von Systemen und Applikationen die Folge davon ist.
3. Es entstehen Sicherheitslücken und Schwachstellen, die einem potenziellen Cyber-Angriff ausgesetzt sind.	Ein sicherheitsbedingtes Risiko entsteht dann, wenn eine Bedrohung auf eine Schwachstelle trifft. Bedrohungen des IT-Systems wird es immer geben, allerdings kann bei der Umwandlung der traditionellen IT hin zu einer bimodalen IT die Gefahr entstehen,

	dass vor allem in den Schnittstellenapplikationen sich neue Schwachstellen offenbaren.
4. Der Mind-Change/Paradigmenwechsel erfolgt nicht.	Die Umsetzung wird scheitern, wenn der Paradigmenwechsel bzw. das Aufsetzen eines neuen Mind-Sets nicht stattfinden.
5. Fehlendes Top-Level Commitment führt zu einem Misserfolg der ganzen Unternehmung.	Wird die Umstrukturierung zur Bimodalität nicht von der Geschäftsführung getrieben und mit Ressourcen gesponsert, kann es keinen Erfolg geben.
6. Es entsteht eine Konkurrenzsituation innerhalb der eigenen IT.	Die Gefahr ist vorhanden, dass Mitarbeiter die in Mode 1 arbeiten und diejenigen die in Mode 2 arbeiten, nicht kooperieren, sondern versuchen sich gegenseitig auszuspielen.
7. Mitarbeiter fühlen sich missverstanden und führen stattdessen eigene Projekte durch.	Diese Gefahr ist eine Art Moral Hazard, welcher dann entsteht, wenn die Mitarbeiter das Gefühl haben, dass ihnen die bimodale IT auferzwungen wird und sie nicht das Recht haben die Bimodalität zu hinterfragen oder wenn sie nicht ausreichend informiert wurden.
8. Die Ängste der Vorstände und Stakeholder sind so groß, dass ein Vorankommen behindert wird.	Sollten wichtige Stakeholder oder die Geschäftsführung des Unternehmens starke Ängste haben oder enorm risikoavers handeln, wird die Implementierung der bimodalen IT ein zähes Unterfangen, welches nur ein begrenztes Erfolgspotenzial hat.
9. Es entstehen unerwartete Folgekosten.	Beispielsweise Schulungskosten, jegliche Transaktionskosten, Aufwandskosten für die Motivation der Mitarbeit etc.

Tabelle 8: Risiken der bimodalen IT

5.2.3 SWOT-Matrix

	Strengths (Stärken)	Weaknesses (Schwächen)
SWOT-Matrix	• Gleichzeitig Altsysteme aufrechterhalten und neue digitale Services und Produkte agil entwickeln • Agilität und Flexibilität • Kurze Entwicklungszyklen • Erhöhte Kundenorientierung und Reaktionsfähigkeit • Zunehmende Automatisierung	• Paradigmenwechsel/Mind-Change • Erfolg hängt sehr stark von den Mitarbeitern ab • Schwierig organisatorisch umzusetzen • Hohe Komplexität • Erfordert starkes Top-Level Commitment
Opportunities (Chancen) • Chance das Unternehmen disruptiven Innovationen zu öffnen • Sicherung einer guten Wettbewerbsposition/Steigerung der Wettbewerbsfähigkeit • Eine Möglichkeit das Unternehmen zu verändern • Neue zukunftsorientierter Arbeitsrollen • Chance junge Mitarbeiter direkt in den bimodalen Prozess zu integrieren	**Strategie "Ausbauen"** - Diese strategische Ausrichtung sollte die Stärken der bimodalen IT nutzen, um die Chancen zu sichern. Die eindeutige Stärke der Bimodalität liegt in der Agilität und Flexibilität sowie der starken Kunden- und Marktorientierung. Es gilt diese Stärken klug einzusetzen, um sich eine langfristig aussichtsreiche Wettbewerbsposition zu erarbeiten, neue Mitarbeiter zu locken und sich gegenüber disruptiven Technologien zu öffnen. Die bimodale IT hilft dabei das Unternehmen langfristig positiv zu beeinflußen und zukunftsorientiert und modern zu gestalten.	**Strategie "Aufholen"** - Die strategische Ausrichtung sollte Schwächen beseitigen, um die Chancen zu nutzen. Das Top-Level Commitment und der Mind-Change wird dann erreicht, wenn alle betroffenen Mitarbeiter, sowohl in der Führungsetage, als auch in den betroffenen IT Abteilungen, überzeugt sind, motiviert sind und gemeinsam diesen Prozess hin zur bimodalen IT unterstützen. Ein wichtiger Bestandteil dieser Strategie liegt also in der Überzeugung/Motivation der Mitarbeiter. Komplexität und organisatorische Schwierigkeiten können mithilfe einer guten Planung und einem transparenten Datenmodell, sowie durch eine gut organisierte Governance Struktur abgeschwächt werden.
Threats (Risiken) • Barrieren können nicht durchdrungen werden • Überblick über die IT-Landschaft geht verloren • Es entstehen Sicherheitslücken und Schwachstellen • Mind-Change/Paradigmenwechsel erfolgt nicht • Fehlendes Top-Level Commitment führt zu Misserfolg	**Strategie "Absichern"** - Die strategische Ausrichtung besagt, dass Stärken genutzt werden sollen, um Risiken abzuwenden. Es gilt die Barrieren zu durchdringen und den Mind-Change erfolgreich anzuleiten, weiterhin mithilfe einer transparenten und eindeutigen Governance sowie Datenstruktur den Überblick über die IT-Landschaft nicht zu verlieren und Security Themen nicht zu vernachlässigen. Behilflich kann dabei beispielsweise ein gutes Enterprise Architecture Management sein, welches gewisse Regeln und Standards vorgibt. Das Management sollte zusätzlich aktuelle Geschehnisse in der Cyber-Security Sphäre beobachten und vorbeugend agieren.	**Strategie "Vermeiden"** - Im Rahmen der Vermeide-Strategie gilt es Schwachstellen nicht zum Ziel von Risiken werden zu lassen. Besonders die Kombination organisatorische Schwierigkeiten und hohe Komplexität können sehr schnell zur Intransparenz der IT führen und somit Schwachstellen kreieren. Das Hauptziel dieser Strategie sollte also sein, die hohe Komplexität und organisatorische Schwierigkeiten einzudämmen und dafür zu sorgen, dass diese Punkte möglichst intensiv gemanagt werden.

Abbildung 8: SWOT-Matrix

5.3 Kernaussagen und Handlungsempfehlungen

In diesem Abschnitt werden die Ergebnisse in Form von Kernaussagen und daraus resultierenden Handlungsempfehlungen (für Unternehmen) zusammenfassend dargestellt. Insgesamt können im Wesentlichen 7 Kernaussagen getroffen werden. Diese Aussagen bilden die Quintessenz der Ergebnisse der Masterthesis.

1. „It's all about the human factor" – Der Erfolg einer bimodalen IT steht und fällt mit der Überzeugung, Motivation, den Fähigkeiten und dem „Mind-Set" der Mitarbeiter in den betroffenen Fachbereichen und den Verantwortlichen in der Geschäftsleitung.

   → Handlungsempfehlung: Wenn sich das Unternehmen für den Einsatz einer bimodalen IT- Architektur entschieden hat, dann sollte bei der Planung der Umsetzung einer solchen Architektur, genügend Zeit gelassen werden, um Mitarbeiter aufzuklären, zu motivieren und evtl. zu überzeugen. Weiterhin sollten die Kosten und der Aufwand für die Anlaufphase nicht unterschätzt werden.

2. Eine bimodale IT-Architektur ist nicht für jedes Unternehmen oder jede Organisation geeignet.

   → Handlungsempfehlung: Bevor eine konkrete Implementierung einer bimodalen IT geplant wird, muss das jeweilige Unternehmen eine Bedarfsanalyse durchführen und hinterfragen, inwiefern diese bimodale IT Organisationsform eine wirtschaftliche und technische Weiterentwicklung des Unternehmens beflügelt. Verantwortliche sollten bei der Bedarfsanalyse die Schwächen und Risiken beachten und in ihre Analyse miteinbeziehen und sich nicht von Stärken und Chancen verleiten lassen.

3. Die bimodale IT ist eine geeignete Übergangslösung im Rahmen einer vollständigen digitalen Transformation eines Unternehmens.

   → Handlungsempfehlung: Viele technologische und organisatorische Kernkonzepte sind Treiber der digitalen Transformation in Organisationen. Ein handfester Ansatz bildet dabei der bimodale IT-Architekturansatz, der genutzt werden kann, wenn das Unternehmen einen digitalen Wandel vollbringen möchte.

4. Für eine erfolgreiche Implementierung der bimodalen IT ist ein ausgeprägtes Top-Level Commitment erforderlich.

   → Handlungsempfehlung: Die Einführung der bimodalen IT sollte im Sinne eines Top-Down Paradigmas von oben nach unten orchestriert werden. Die Geschäftsleitungsebene muss voll hinter dem Ansatz stehen und der unternehmensinterne Treiber der bimodalen IT sein.

5. Bimodalität impliziert nicht immer eine IT der zwei Geschwindigkeiten, sondern kann auch mehrere Geschwindigkeiten aufnehmen, um Erfolg zu haben.

➔ Handlungsempfehlung: Die bimodale IT ist lediglich ein Vorschlag, der die Aussage trifft, dass man zwei Geschwindigkeiten in der IT Organisation aufbaut. Eine Organisation mit mehreren Geschwindigkeiten ist ebenfalls möglich (z.B. Three-Speed-IT bei der YYYY). Das heißt, die Bimodalität ist keine Gesetzmäßigkeit, vielmehr sollten Unternehmen individuelle Entscheidungen treffen und wenn sie den Bedarf erkennen, dann durchaus eine „Mehr-Geschwindigkeiten-IT" etablieren. Im Kern wird es dennoch immer eine IT der langsamen und der schnellen Geschwindigkeit geben, die aber dann durchaus Zwischenstufen haben kann.

6. Die bimodale IT stellt eine Gelegenheit dar, neue IT-Rollen und neue disruptive Innovationen gut in die informationstechnologische Organisation zu integrieren.

➔ Handlungsempfehlungen: Mitarbeiter für den Einsatz disruptiver Technologien motivieren und neuen Mitarbeitern die Möglichkeit geben, ihr Potenzial vollständig abzuschöpfen.

7. Die bimodale IT hat eine Vielzahl von Schwächen und Risiken, sowie Stärken und Chancen, die gründlich untersucht werden müssen.

➔ Handlungsempfehlung: Die vorliegende Masterthesis zeigt auf, dass in der Quantität die Schwächen und Risiken die Stärken und Chancen überbieten. Nichtsdestotrotz kann sich ein Einsatz auszahlen. Der Erfolg hängt langfristig von den bereits genannten Faktoren und Voraussetzungen ab.

6 Diskussion

Im vorletzten Kapitel der Masterthesis werden nun die Ergebnisse der Interviews und die Resultate der SWOT-Analyse diskutiert und im Anschluss erläutert, welche Implikationen sich daraus ergeben. Eine Betrachtung der Beschränkungen - sowohl inhaltlicher als auch methodischer Natur - schließt dieses Kapitel ab.

6.1 Diskussion der Ergebnisse

Bei der Diskussion der Ergebnisse äußert der Autor dieser Arbeit seine persönliche Meinung zu den Erkenntnissen und interpretiert die Resultate. Der vorliegende Abschnitt ist systematisch so aufgebaut, dass zunächst auf die Ergebnisse der Interviews eingegangen wird, dann wird die SWOT-Analyse thematisiert und zum Schluss werden die Kernaussagen und Handlungsempfehlungen diskutiert.

Die Interviewauswertung liefert viele qualitative Erkenntnisse und besteht aus persönlichen Meinungen und Erfahrungen der Experten aus der Praxis. Im Wesentlichen wurde bei allen Interviews klar, dass die digitale Transformation ein Thema ist, welches jedes Unternehmen in jeder Branche aktuell sehr stark beschäftigt. Die Antworten der Experten wiesen viele Gemeinsamkeiten auf. So sind sich zum Beispiel alle einig, dass der digitale Wandel des Unternehmens kommen wird und auch kommen muss, um auch in der Zukunft eine wirtschaftliche Größe am Markt zu sein. Wie radikal dieser Wandel allerdings sein wird, unterscheidet sich individuell von Unternehmen zu Unternehmen. Des Weiteren werden die technologischen und organisatorischen Treiber der digitalen Transformation mehr und mehr an Bedeutung gewinnen und ihren praktischen Einsatz im Unternehmen erhalten. Beispielsweise ist Cloud Computing, ein Thema welches in Deutschland früher zu heftigen Diskussionen geführt hat, mittlerweile in nahezu jedem Unternehmen in irgendeiner Art und Weise angekommen. Ein weiteres Konzept, das die Digitalisierungswelle mit sich treibt ist der Ansatz der bimodalen IT. Die IT der zwei Geschwindigkeiten war den Interviewpartnern zwar bekannt, allerdings waren nicht alle Gesprächspartner Experten auf diesem Gebiet. Das ist verständlich, denn dieser Ansatz muss sich in der Praxis noch bewähren und hat nicht nur Anhänger, sondern auch viele Kritiker. Diese Masterthesis zeigt ganz klar auf, warum es bei der bimodalen IT sowohl Befürworter als auch Gegner gibt.

Um zu verstehen, warum die bimodale IT ein heftig diskutiertes Thema ist, reicht es einen Blick in die SWOT-Analyse der Arbeit zu werfen. Diese sagt klar aus, dass die Bimodalität sowohl Vorteile oder Chancen als auch Nachteile oder Herausforderungen mit sich bringt. Zählt man die Pros und Contras ab, überwiegen in der Gesamtzahl sogar die negativen Punkte mit 24 Schwächen und Risiken zu 18 Stärken und Chancen (S:8, W:15, C:10, R:9).

Nichtsdestotrotz ist die bimodale IT eine gute Möglichkeit den digitalen Wandel voranzutreiben, wenn die Rahmenbedingungen, Voraussetzungen und Schlüsselfaktoren für einen optimalen Einsatz der bimodalen IT, erfüllt werden. Mit anderen Worten, die bimodale IT ist kein

Selbstläufer, sondern erfordert die richtigen Managementfähigkeiten, die richtigen Mitarbeiter und das passende Mind-Set, um die Herausforderungen zu bewältigen und die Barrieren zu durchdringen.

Ein Strategiemix, um das erfolgreich umzusetzen ist der SWOT-Matrix zu entnehmen. Die Kombination aus einer Ausbau-Strategie und Absicherungs-Strategie der Stärken und Chancen und gleichzeitig einer Aufholungs-Strategie und Vermeide-Strategie der Schwächen und Risiken, kann ein Weg zum Erfolg sein.

Im Kern konnten 7 aggregierte Aussagen und Handlungsempfehlungen, die im Wesentlichen der Arbeit zu entnehmen sind, formuliert werden. Die wichtigsten erinnern den Leser daran, dass es auf eine gute Mitarbeiterzusammenstellung, aus Jung und Alt, auf eine starke Führungsrolle und Treiberrolle der Geschäftsebene, auf die richtige Einstellung gegenüber Herausforderungen und Risiken und auf das Durchhaltevermögen, so einen langwierigen Prozess erfolgreich umzusetzen, ankommt.

6.2 Implikationen für die Praxis

Dieser Abschnitt kann auch als eine Zusammenfassung der für die Praxis relevanten Erkenntnisse aus der gesamten Thesis gesehen werden.

Unternehmen, die sich für einen bimodalen IT Ansatz entscheiden, wissen nach Lektüre dieser Masterthesis, dass die Entscheidung sehr gründlich überlegt werden muss und, dass eine solche Umsetzung hin zur Bimodalität kein einfaches Transformationsprojekt ist. Der Autor der Arbeit empfiehlt, im individuellen Fall, alle Voraussetzungen und Schlüsselfaktoren, die für eine fruchtbare bimodale Entwicklung notwendig sind, gründlich zu erarbeiten und zu analysieren. Erst wenn die Rahmenbedingungen für eine solche bimodale IT vorhanden sind, kann die Umsetzung geplant werden.

Eine konkrete Möglichkeit so eine bimodale IT organisatorisch aufzubauen, wurde im Grundlagenkapitel unter dem Abschnitt „Rahmenbedingungen" dargestellt. Neben einem funktionierenden Enterprise Architecture Management, können Interessenten die Archetypen (Project-by-Project Bimodal IT, Divisionally-separated Bimodal IT, Subdivisional Bimodal IT oder Reintegrated Bimodal IT) als Vorlage für ihren individuellen Organisationsaufbau verwendenen. Eine multimodale Lösung, wie sie beispielsweise in der IT-Praxis der YYYY implementiert wurde, kann dabei auch in Frage kommen.

Des Weiteren gibt Abschnitt 5.3 „Kernaussagen und Handlungsempfehlungen" eine gute Ausgangsbasis vor, um sich mit diesem Thema auseinander zu setzen. Es zeigt Interessenten in aggregierter Form auf, wo die Stärken und Schwächen des Ansatzes liegen, was in Zusammenhang mit der Bimodalität unbedingt beachtet werden muss und welche Handlungsempfehlungen sich daraus ergeben.

6.3 Implikationen für die Forschung

Der vorliegende Abschnitt thematisiert die Implikationen, die sich aus der Masterthesis für die Forschung ergeben. Themenschwerpunkt sind offene, nichtgelöste Zusammenhänge, aber auch die Frage inwiefern die Erkenntnisse dieser Arbeit genutzt werden können, um weitere Forschungsvorhaben oder Forschungsfragen darauf basierend zu formulieren.

Im Sinne einer qualitativen Sozialforschungsmethodik hat diese Arbeit qualitative Interviews als Ausgangsbasis für eine Situationsanalyse der bimodalen IT-Architektur genutzt. Dabei wurden Stärken, Schwächen, Chancen und Risiken mithilfe von Gesprächen mit Experten formuliert, was zu aggregierten Aussagen und Handlungsempfehlungen führte.

Die SWOT-Analyse kann als grundsätzliche Ausgangsbasis oder kritische Würdigung, für tiefergehende Forschungsfragen in Bezug auf die digitale Transformation mit der bimodalen IT gesehen werden.

Für die Forschung ergibt sich die Möglichkeit diese aus einer qualitativen Studie formulierten Erkenntnisse auch quantitativ zu bestätigen. Die in Kapitel 5.3 formulierten Kernaussagen können dabei als Hypothesen fungieren, die auch quantitativ über eine Regressionsanalyse bestätigt, oder evtl. widerlegt werden können. Hierzu würde sich eine breit angelegte Online-Umfrage, an der viele mittelständische bis große Unternehmen teilnehmen, eignen. Wichtig ist allerdings, bei einer solchen quantitativen Umfrage, dass die befragten Unternehmen den bimodalen IT Ansatz nicht nur kennen, sondern sich auch mit diesem intensiv beschäftigt bzw. das individuelle Für und Wider analysiert haben. Interessant wäre auch zu untersuchen, wie die konkreten Einflüsse einiger Schlüsselfaktoren auf den Erfolg einer bimodalen IT, aussehen. Zum Beispiel könnten folgende Forschungsfragen formuliert werden: Was sind die Erfolgsfaktoren einer bimodalen IT? Welchen Einfluss hat der human-factor auf den Erfolg einer bimodalen IT? Wie hoch ist die Abhängigkeit zwischen dem Punkt „Richtige Mitarbeiter haben" und „Erfolg der Bimodalität" und nicht zuletzt die Fragestellung, existiert tatsächlich eine Korrelation zwischen dem Erfolg einer bimodalen IT und dem Top-Level Commitment, und handelt es sich um eine positive Korrelation?

Es gibt also noch einige Möglichkeiten die Zusammenhänge rund um die bimodale IT zu erforschen und aus wissenschaftlichem Blickwinkel zu durchleuchten. Obwohl der Autor dieser Arbeit schon einige Rahmenbedingungen im Grundlagenkapitel aufgegriffen hat, gibt es bislang keine Studie, die die optimalen Rahmenbedingungen vorschlägt. Das wäre eine zusätzliche Möglichkeit noch etwas mehr Licht in die noch sehr dunkle und erforschungswerte bimodale Welt zu bringen.

6.4 Limitationen der Arbeit

Dieser Abschnitt legt die inhaltlichen und methodischen Limitationen der Arbeit dar.

Die Masterthesis beantwortet die Forschungsfrage welche Stärken, Schwächen, Chancen und Risiken eine bimodale IT Architektur hat. Die Frage nach den Zusammenhängen, bleibt ungelöst. Des Weiteren blickt die Arbeit auf die bimodale IT als Ganzes, untersucht aber nicht tiefergehend die konkreten Abläufe der einzelnen Modi. Der thematische Schwerpunkt Security in Zusammenhang mit der Bimodalität bleibt vollkommen unangetastet. Ebenso das Konzept der DevOps, welches mit der bimodalen IT auf eine gewisse Weise verwandt ist.

Weiterhin entstehen die qualitativen Ergebnisse auf Grundlage der durchgeführten Interviews und somit hängen die Erkenntnisse von den Personen ab, die interviewt wurden. Obwohl der Autor der Arbeit Experten aus unterschiedlichen Branchen und sogar aus unterschiedlichen Ländern (Italien, Frankreich und Österreich) für die Studie gewinnen konnte, lässt sich nicht ausschließen, dass einige Punkte nicht zur Erwähnung gekommen sind, weil die Diversifikation der Interviewpartner nicht stark genug war.

Bei der SWOT-Analyse formuliert der Autor der Arbeit die 4 Strategien (Ausbauen, Absichern, Aufholen, Vermeiden) mithilfe der Experteninterviews und seiner eigenen Interpretation der jeweiligen Kombinationen der Stärken, Schwächen, Chancen und Risiken. Dass hierbei ungelöste oder vergessene Punkte offenbleiben, kann nicht ausgeschlossen werden. Weiterhin basieren die formulierten Strategien lediglich auf den jeweils 5 am häufigsten genannten Punkten, obwohl einige Dimensionen, wie zum Beispiel Schwächen mit 15, wesentlich mehr Faktoren aufweisen.

Schließlich ist auf die methodische Limitation einzugehen. Eine qualitative Forschungsmethodik, wie sie hier dargestellt wurde, eignet sich gut, um neue Erkenntnisse zu gewinnen und eignet sich schlecht für das Bestätigen oder Ablehnen von vorformulierten Hypothesen. In diesem Kontext bietet eine quantitative Analyse oder eine Mischung aus der quantitativen und qualitativen Forschungsmethodik eine gute Möglichkeit, um Kausalzusammenhänge zu überprüfen.

7 Zusammenfassung und Ausblick

Die digitale Transformation in Organisationen ist ein Thema, welches sehr viele Unternehmen aktuell sehr stark umtreibt. Mit diesem digitalen Wandel der Umwelt, der Märkte und der Unternehmen einhergehend sind einerseits aussichtsreiche Möglichkeiten, beispielweise im Bereich digital business/digitale Geschäftsmodelle, stark skalierbare Online-Plattformen und Services, vorhanden. Andererseits birgt dieser Wandel jedoch viele Gefahren, Risiken und Barrieren. Unternehmen sind gefordert den Wandel proaktiv mitzugestalten und dessen Auswirkungen in die positive Richtung zu lenken. Hindernisse müssen überwunden, Herausforderungen angenommen werden und Unternehmen müssen sich stets weiterentwickeln, um an Größe und Einfluss zu gewinnen. Eine fundamentale Rolle im Rahmen dieses digitalen Prozesses nimmt die IT Organisation ein. Diese war Untersuchungsgegenstand der vorliegenden Arbeit.

Möglichkeiten, wie die digitale Umwandlung eines Unternehmens erfolgen kann, gibt es viele. Eines dieser Möglichkeiten bildet die bimodale IT, bei der das Unternehmen einerseits über eine robuste und planbare, andererseits aber auch eine agile und flexible IT Organisation verfügt. Die Stärken einer solchen IT Organisation liegen auf der Hand. Warum haben bisher allerdings noch nicht viele Unternehmen eine solche IT im Einsatz? Warum gibt es viele heftige Diskussionen rund um die bimodale IT? Wo liegen die Potenziale und wo gibt es Hindernisse? Diese Fragen konnten indirekt beantwortet werden.

Die Arbeit zeigt auf, dass es nicht nur Licht- sondern auch Schattenseiten bei der bimodalen IT-Architektur gibt. Insgesamt konnten mit Hilfe einer qualitativen Studie, an der insgesamt 13 Interviewpartner teilnahmen, 42 Aussagen getroffen werden, die jeweils einer Stärke, Schwäche, Chance oder einem Risiko zugeordnet werden konnten. Von diesen 42 Aussagen konnten 8 als Stärke, 15 als Schwäche, 10 als Chance und 9 als Risiko identifiziert werden. Die jeweils drei am häufigsten genannten Punkte jeder Dimension werden im Folgenden kurz dargestellt:

Stärken:

1. Bimodale IT ist eine Möglichkeit gleichzeitig Altsysteme aufrechtzuerhalten und neue digitale Services und Produkte im Rahmen einer flexiblen und agilen Arbeitsweise zu entwickeln oder zu verwalten.
2. Agilität und Flexibilität der IT Organisation steigt aufgrund der Möglichkeiten, die Mode 2 mit sich bringt.
3. Eine bimodale IT ermöglicht kurze Entwicklungszyklen durch den Einsatz agiler Arbeitsmethoden.

Schwächen:

1. Die bimodale IT ist mit einem Paradigmenwechsel/Mind-Change verbunden.
2. Erfolg hängt sehr stark von den Mitarbeitern, deren Motivation und Fähigkeiten, ab.
3. Schwierig organisatorisch umzusetzen.

Chancen:

1. Chance das Unternehmen disruptiven Innovationen zu öffnen.
2. Sicherung einer guten Wettbewerbsposition/Steigerung der Wettbewerbsfähigkeit.
3. Eine Möglichkeit das Unternehmen zu verändern.

Risiken:

1. Barrieren können nicht durchdrungen werden.
2. Überblick über die IT-Landschaft geht verloren.
3. Es entstehen Sicherheitslücken und Schwachstellen, die einem potenziellen Cyber-Angriff ausgesetzt sind.

Aus der internen und externen Analyse wurde schließlich eine SWOT-Matrix gebildet, die unterschiedliche Strategien formuliert. Ein wesentliches Ergebnis, neben den Interviewauswertungen und der SWOT-Analyse, liefert das Kapitel 5.3 in dem Kernaussagen und Handlungsempfehlungen formuliert wurden. Zusammenfassend handelt es sich um folgende 7 Kernaussagen:

1. Erfolg einer bimodalen IT hängt vom human-factor ab.
2. Bimodalität eignet sich nicht für jedes Unternehmen.
3. Bimodale IT kann als geeignete Übergangslösung implementiert werden.
4. Die Geschäftsleitung muss Treiber der bimodalen IT sein.
5. Multimodale IT ist eine Überlegung wert.
6. Bimodalität und zukünftige IT-Rollen und Skills passen gut zusammen.
7. Bimodale IT hat Stärken und Chancen aber ebenso Schwächen und Risiken.

Die Thesen belegen, dass der Erfolg einer IT der zwei Geschwindigkeiten von vielen Faktoren abhängt und, dass der Aufwand eine solche IT-Organisation aufzubauen auf keinen Fall unterschätzt werden sollte.

Die vorliegende Masterthesis legt einen Grundstein für die Analyse der bimodalen IT. Obwohl die Frage nach den Potenzialen und den Hindernissen ein stückweit geklärt werden konnte, bleibt dennoch vieles unbeantwortet. Die Arbeit weist einige methodische und inhaltliche Limitationen auf, gibt aber gleichermaßen eine Vorlage für zukünftige Studien.

Der Autor dieser Arbeit hofft mit den Ergebnissen einen wertvollen Beitrag zur wissenschaftlichen Analyse der bimodalen IT geleistet zu haben und etwas Licht in die noch weitestgehend unerforschte aber gleichermaßen spannende Welt der Bimodalität gebracht zu haben.

Literaturverzeichnis

Abernathy & Utterback (1978): *Patterns of Industrial Innovation*, Technology review, 80 (7), 40-end.

Apigee (2013): *Digital Transformation - Getting in Shape for the Digital World*, 22.

Aral, Sinan; Dellarocas, Chrysanthos & Godes, David (2013): *Social Media and Business Transformation: A Framework for Research*, Information Systems Research, 24 (1), 3-14.

Benlian, Alexander; Haffke, Ingmar & Kalgovas, Bradley (2017): *Options for Transforming the IT Function Using Bimodal IT*, MIS Quarterly, n.b. (n.b.).

Bharadwaj, A. & Sambamurthy, V. (2005): *Enterprise Agility and Information Technology Management: The CIO's Manifesto*, SIM Advanced Practices Council Publication.

Bharadwaj, A.; Sawy, O. A. E.; Pavlov, P. A. & Venkatraman, N. (2013): *Digital business strategy: toward a next generation of insights*, MIS Quarterly, 37 (2), 471-82.

Bloching, Björn; Leutiger, Philipp & Oltmanns, Torsten (2015): *Die Digitale Transformation der Industrie - Was sie bedeutet. Wer gewinnt. Was jetzt zu tun ist.*, Roland Berger Strategy Consultants & Bundesverband der Deutschen Industrie e.V., eds, 52.

Bloomberg, Jason (2015): *Bimodal IT: Gartner's Recipe For Disaster*, Forbes.com, 10-10.

Bossert, Oliver; Ip, Chris & Laartz, Jürgen (2014): *A Two-Speed IT Architecture for the Digital Enterprise*, Insurancenetworking.com, 1-1.

Brien, Jörn (2016, 15.03.2017): *Google kauft API-Spezialisten Apigee: Das steckt dahinter*, online verfügbar unter http://t3n.de/news/google-kauft-apigee-744369/.

Brüsemeister, Thomas (2008): *Qualitative Forschung-Ein Überblick*. Wiesbaden: VS Verlag für Sozialwissenschaften.

Büst, René; Hille, Maximilian & Schestakow, Julia (2015): *Digital Business Readiness - Wie deutsche Unternehmen die Digitale Transformation angehen - Ergebnisse einer empirischen Studie in Kooperation mit Dimension Data*: Crisp Research AG, 52.

Buxmann, Peter & Zillmann, Mario (2016): *Digitalisieren Sie schon? Ein Benchmark für die digitale Agenda*, Lünendonk GmbH, ed. Mindelheim, 60.

Cohen, Ian (2016): *The Bimodal IT fallacy - Multimodal business demands multimodal IT*, Vol. 2017, CIO from IDG, ed.

d.velop (2015): *Branchenatlas Digitale Transformation*, d.velop, ed. Gescher: d.velop AG, 54.

Digitalkameramuseum.de (2017): *Die Geschichte der Digitalkamera und der digitalen Bildaufzeichnung*, 04.04.2017.2017, online verfügbar unter http://www.digicammuseum.com/de/geschichte.

Drnevich, P. L. & Croson, D. C. (2013): *Information technology and business-level strategy: toward an integrated theoretical perspective*, MIS Quarterly, 37 (2), 483-509.

Duncan, R. B. (1976): *The ambidextrous organization: Designing dual structures for innovation*, The management of organization design, 1, 167-88.

Fichman, Robert G.; Santos, Brian L. Dos & Zheng, Zhiqiang (2014): *Digital innovation as a fundamental and powerful concept in the information systems curriculum*, MIS Quarterly: Management Information Systems, 38 (2), 329-53.

Forrester (2016): *The False Promise Of Bimodal IT*: Forrester Research.

Frenzel, Sönke (2016): *Wir brauchen bimodale IT-Organisationen*: CIO von IDG

Gartner (2016): *Gartner Reveals Top Predictions for IT Organizations and Users in 2017 and Beyond*.

Gartner, Glossar (2014): *Bimodal IT*.

Grossman, Rhys (2016): *The Industries That Are Being Disrupted the Most by Digital*, Harvard Business Review.

Group, Experton (2016): *Chancen der Digitalen Transformation*. Ismaning: Experton Group - an ISG Business.

Hess, Thomas; Matt, Christian; Benlian, Alexander & Wiesböck, Florian (2016): *Options for Formulating a Digital Transformation Strategy*, MIS Quarterly Executive, 15 (2), 123-39.

innoQ (2017): 03.01.2017.2017, online verfügbar unter https://www.innoq.com/de/blog/whats-in-a-name-bimodal/.

Jesson, Jill; Matheson, Lydia & Lacey, Fiona M (2011): *Doing Your Literature Review - Traditional and Systematic Techniques*. Los Angeles: SAGE Publications Ltd.

Kane, Gerald C.; Palmer, Doug; Anh Nguyen Phillips; Kiron, David & Buckley, Natasha (2015): *Strategy, not Technology, Drives Digital Transformation - Becoming a digitally mature enterprise*, MIT Sloan Management Review and Deloitee University Press, ed.

Matt, C.; Hess, T. & Benlian, A. (2015): *Digital Transformation Strategies*, Business & Information Systems Engineering, 57 (5), 339-43.

Mithas, S.; Tafti, A. & Mitchell, W. (2013): *How a firm's competitive environment and digital strategic posture influence digital business strategy*, MIS Quarterly, 37 (2), 511-36.

Newman, Daniel (2016): *Top 10 Trends for Digital Transformation in 2017*, 05.02.2017.2017, online verfügbar unter https://www.forbes.com/sites/danielnewman/2016/08/30/top-10-trends-for-digital-transformation-in-2017/#746e93f347a5.

Pechardscheck, Stefan (2015): *Wie man traditionelle und agile IT verbindet*: CIO von IDG.

Pelz, Waldemar (2016): *SWOT-Analyse - Beispiele und Tipps zum Erstellen einer SWOT-Analyse*. Norderstaedt.

Pfützner, Matthias (2015): *Ein neues Management für eine hybride IT*. Computerwoche Computerwoche von IDG.

Pütter, Christiane (2015): *8 notwendige IT-Skills für die Digitalisierung*: computerwoche.

Schmidt, Holger & Kollmann, Tobias (2016): *Deutschland 4.0 - Wie die digitale Transformation gelingt*: Springer Verlag.

Schwab, Klaus (2016): *Die vierte Industrielle Revolution*. München: Random House - Pantheon Verlag.

Setia, P.; Venkatesh, V. & Joglekar, S. (2013): *Leveraging digital technologies: how information quality leads to localized capabilities and customer service performance*, MIS Quarterly, 37 (2), 565-90.

Statista (2016): *Umsätze unterschiedlicher Branchen in Deutschland 2016*, 04.04.17.2017, online verfügbar unter
https://de.statista.com/statistik/daten/studie/4342/umfrage/marktvolumen-volumen-des-deutschen-itk-markts/,
https://de.statista.com/statistik/daten/studie/242860/umfrage/gewinn-und-verlust-der-banken-in-deutschland/,
https://de.statista.com/statistik/daten/studie/3211/umfrage/umsatzentwicklung-der-unterhaltungs--und-medienbranche-seit-2003/,
https://de.statista.com/statistik/daten/studie/160479/umfrage/umsatz-der-deutschen-automobilindustrie/,
https://de.statista.com/statistik/daten/studie/75570/umfrage/deutsche-elektroindustrie-geschaeftsentwicklung-gesamtumsatz-seit-2008/,
https://de.statista.com/statistik/daten/studie/248349/umfrage/prognose-zum-umsatz-in-der-energieversorgung-in-deutschland/,
https://de.statista.com/statistik/daten/studie/248219/umfrage/prognose-zum-umsatz-in-der-pharmaindustrie-in-deutschland/,
https://de.statista.com/statistik/daten/studie/248472/umfrage/prognose-zum-umsatz-in-der-chemieindustrie-in-deutschland/,
https://de.statista.com/statistik/daten/studie/443185/umfrage/umsatz-in-spedition-und-logistik-in-deutschland/.

Sturesson, Jan; McIntyre, Scott; Cleal, Paul & Jones, Nick C (2014): *Getting fit for the future through (digital) transformation*. United Kingdom: PwC - PricewaterhouseCoopers.

Sukhova, Maria (2016): *Digital Transformation: History, Present and Future Trends*, Vol. 2017, Maria Sukhova, ed: Auriga.

Tank, Stephanie (2015): *Digitale Transformation*. DigitalWiki.

Tolboom, Irik (2016): *The impact of digital transformation - A survey based research to explore the effects of digital transformation on organizations.*, Delft University of Technology.

Urbach, Nils (2017): *Bimodale IT*, in Enzyklopädie der Wirtschaftsinformatik Online-Lexikon.

Urbach, Nils & Ahlemann, Frederik (2016): *IT-Management im Zeitalter der Digitalisierung - Auf dem Weg zur IT-Organisation der Zukunft*.

Westerman, George; Calméjane, Claire; Bonnet, Didier; Ferraris, Patrick & McAfee, Andrew (2011): *Digital Transformation: A Roadmap for Billion-Dollar Organizations*, MIT-Center for Digital Business, 68.

White, Mark; Pennington, Judy; Galizia, Tom & Habeck, Mike (2016): *Innovating in the digital era*, Deloitte, ed.

Wirtschaftslexikon, Gabler (2017a): *Digitalisierung*, Oliver Bendel, ed: Springer Verlag.

Wirtschaftslexikon, Gabler (2017b): *Situationsanalyse*: Springer Gabler Verlag.

Wirtschaftslexikon, Gabler (2017c): *Strategie*, Robert Gillenkirch, ed: Springer Verlag.

Wirtschaftslexikon, Gabler (2017d): *SWOT-Analyse*: Springer Gabler Verlag.

Wolan, Michael (2013): *Digitale Innovation: Schneller. Wirtschaftlicher. Nachhaltiger.* Göttingen: Business Village GmbH.

Zheng, Michael (2005): *The World's First Digital Camera by Kodak and Steve Sasson*, Vol. 2017, petapixel.com, ed. petapixel.com.

A Weiterführendes Material

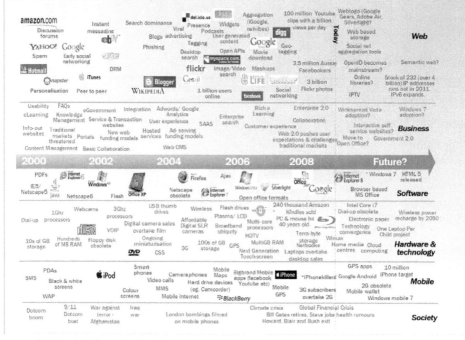

Abbildung 9: Technologiezeitstrahl

[URL: http://anddum.com/timeline/timelinepics/WebTechnologytimeline.jpg , zuletzt aufgerufen am 04.04.2017]

Use of technologies				
1. Strategic role of IT?		Enabler		Supporter
2. Technological ambition?	Innovator		Early adopter	Follower
Changes in value creation				
3. Degree of digital diversification?	Electronic sales channels	Cross-media	Enriched-media	Content platforms	Extended business
4. Revenue creation?	Paid content	Freemium		Advertising	Complementary products
5. Future main business scope?	Content creation	Content aggregation	Content distribution	Management of content platforms	Other
Structural changes				
6. Responsibility for digital transformation strategy?	Group CEO	CEO of business unit	Group CDO	Group CIO
7. Organizational positioning of new activities?		Integrated		Separated
8. Focus of operational changes?	Products and services		Business processes	Skills
9. Building of competencies?	Internally	Partnerships	Company takeovers	External sourcing
Financial aspects				
10. Financial pressure on current core business?	Low		Medium	High
11. Financing of new activities?		Internal		External

Abbildung 10: Schlüsselentscheidungen der Digitalen Transformationsstrategie (Hess, et al. 2016, S. 138)

Name	Autoren	Journal und Jahr	Kernaussage
Digital Transformation Strategies	Matt, Hess, Benlian	Business & Information Systems Engineering (2015)	Digital Transformation Framework (DTF) mit den 4 Dimensionen – financial aspects, changes in value creation, structural changes, use of technologies.
Options for Formulating a Digital Transformation Strategy	Hess, Matt, Benlian, Wieböck	MIS Quarterly (2016)	Erweiterung des DTF – Formulierung 11 ergänzender Fragen zum DTF – Fallstudien mit 3 Unternehmen (Medienbranche) dessen digitale Transformation observiert wurden.

Digital business strategy: toward a next generation of insights	Bharadwaj, El Sawy, Pavlou, Venkatraman	MIS Quarterly (2016)	Formulierung von 4 Kernthemen: Scope, Scale, Speed, Source, - Überblick über Papers zur Special Issue „Digital Business Strategy".
How a firm's competitive environment and digital strategic posture influence digital business strategy	Mithas, Tafti, Mitchell	MIS Quarterly (2016)	Untersuchung der Umweltbedingugen und dessen Einfluss auf die dig. Transformationsstrategie mit einer Studie an der über 400 US Firmen im Zeitraum von 1999-2006 teilnahmen.
Information technology and business-level strategy: toward an integrated theoretical perspective	Drnevich, Croson	MIS Quarterly (2016)	Zusammenhang zwischen digitaler Geschäftsstrategie und Geschäftserfolg.
Leveraging digital technologies: how information quality leads to localized capabilities and customer service performance	Setia, Venkatesh, Joglekar	MIS Quarterly (2016)	Untersuchung der Informationsqualität, als ein Schlüsselfaktor für den Erfolg digitaler Geschäftstätigkeiten.

Tabelle 9: Publikationen zum Thema digitale Transformationsstrategie und digitale Geschäftsstrategie

Name des Interviewpartners	ID
XXXX XXXX (YYYY)	1
Dr. XXXX XXXX (YYYY)	2
XXXX XXXX (YYYY)	3
XXXX XXXX (YYYY YYYY)	4
XXXX XXXX (YYYY YYYY)	5
Dr. XXXX XXXX (YYYY YYYY GmbH)	6
Dr. XXXX XXXX (YYYY)	7
Dr. XXXX XXXX (YYYY YYYY)	8
XXXX XXXX (YYYY YYYY)	9
XXXX XXXX (YYYY YYYY)	10
XXXX XXXX (YYYY YYYY)	11
XXXX XXXX (YYYY)	12
XXXX XXXX (YYYY YYYY)	13
Stärken	**ID**
1. Bimodale IT ist eine Möglichkeit gleichzeitig Altsysteme aufrechtzuerhalten und neue digitale Services und Produkte im Rahmen einer flexiblen und agilen Arbeitsweise zu entwickeln oder zu verwalten.	2,3,4,5,6,7,8,11,13
2. Agilität und Flexibilität der IT Organisation steigt aufgrund der Möglichkeiten, die Mode 2 mit sich bringt.	1,2,3,4,5,9,10,11,13
3. Eine bimodale IT ermöglicht kurze Entwicklungszyklen durch den Einsatz agile Arbeitsmethoden.	1,4,5,6,10,13
4. Erhöhte Kundenorientierung und erhöhte Reaktionsfähigkeit auf Kundenwünsche und Anforderungen.	2,4,5,7

5. Zunehmende Automatisierung der Geschäftsprozesse, Arbeitsabläufe oder Produktionsprozesse.	2,4,11,13
6. Stabilität und Robustheit bestehender IT Systeme geht nicht verloren und wird weiterhin gepflegt, gewartet und aufrechterhalten. (Mode 1)	2,5,7
7. Die bimodale IT fordert ein transparentes Datenmodell.	1,13
8. Weniger Abhängigkeiten zu traditionellen IT-Systemen.	13
Schwächen	**ID**
9. Die bimodale IT ist mit einem Paradigmenwechsel/Mind-Change verbunden.	1,2,5,6,7,8,10,11,13
10. Erfolg hängt sehr stark von den Mitarbeitern, deren Motivation und Fähigkeiten, ab.	1,2,3,4,7,6,8,9,11
11. Schwierig organisatorisch umzusetzen.	1,2,7,8,11,13
12. Hohe Komplexität.	1,2,4,10,11
13. Erfordert starkes Top-Level Commitment.	2,3,5,13
14. Trennung aus technischer Sicht kaum möglich, technologische Schwierigkeiten.	10,11,12,13
15. Steigende Heterogenität der IT-Systeme.	1,10,12
16. Erhöhter Kommunikations- und Koordinationsaufwand.	6,10,13
17. Auftreten von Barrieren und Widerständen.	2,1
18. Einführung einer bimodalen IT ist ein langwieriger Prozess.	2,6
19. Ängste der Menschen, die die bimodale IT als eine Bedrohung sehen, auch weil sie fürchten ihren Arbeitsplatz zu verlieren.	2,11
20. Zunehmde Relevanz von IT Governance ist notwendig, was einen Aufwand darstellt.	1,13
21. Hohe Kosten.	5,7
22. Schwierigkeiten beim Management von Schnittstellen.	13

23. Ansehen von Mode 1 und Mode 2 ist unterschiedlich.	4
Chancen	**ID**
24. Chance das Unternehmen disruptiven Innovationen zu öffnen.	3,5,8,9
25. Sicherung einer guten Wettbewerbsposition/Steigerung der Wettbewerbsfähigkeit.	4,5,13
26. Eine Möglichkeit das Unternehmen zu verändern.	3,6,13
27. Schaffung neuer zukunftsorientierter Arbeitsrollen aufgrund der bimodalen IT.	8,11,13
28. Chance junge Mitarbeiter direkt in den bimodalen Prozess zu integrieren.	2,13
29. Möglichkeit zukünftige neue Technologien einfach in die bestehende IT-Organisation zu integrieren.	3,9
30. Schatten-IT ablösen/ IT kommt aus ihrem Schattendasein raus.	4,11
31. Bimodale IT als Impulsgeber der digitalen Transformation.	4
32. Chance langfristig Kosten einzusparen und das Gesparte woanders zu reinvestieren.	4
33. Möglichkeit sich von der Konkurrenz abzuheben.	13
Risiken	**ID**
34. Barrieren können nicht durchdrungen werden.	2,7,10
35. Überblick über die IT-Landschaft geht verloren.	1,7,10
36. Es entstehen Sicherheitslücken und Schwachstellen, die einem potenziellen Cyber-Angriff ausgesetzt sind.	1,9,11
37. Der Mind-Change/Paradigmenwechsel erfolgt nicht.	3,7,8
38. Fehlendes Top-Level Commitment führt zu einem Misserfolg der ganzen Unternehmung.	2,13
39. Es entsteht eine Konkurrenzsituation innerhalb der eigenen IT.	4

40. Mitarbeiter fühlen sich missverstanden und führen stattdessen eigene Projekte durch.	4
41. Die Ängste der Vorstände und Stakeholder sind so groß, dass ein Vorankommen behindert wird.	2
42. Es entstehen unerwartete Folgekosten.	5

Tabelle 10: Aussagen der Interviewpartner mit jeweiliger ID-Zuordnung

B Interviewleitfaden

Thema: Die digitale Transformation in Organisationen - Eine Analyse von Stärken und Schwächen sowie Chancen und Risiken der bimodalen IT-Architektur

Einleitung:

1. Das Gespräch findet im Rahmen meiner Masterthesis an der technischen Universität Darmstadt statt. Die gewonnenen Erkenntnisse werden für diese Arbeit verwendet und nicht an Dritte weitergegeben.

Das Gespräch wird aufgenommen. Sind Sie damit einverstanden?

2. Stellen Sie sich kurz vor. Gehen Sie auch kurz auf das Unternehmen in dem Sie arbeiten und die Stelle, die Sie in diesem besetzen, ein.

Allgemeiner Teil:

Die digitale Transformation ist ein Phänomen, welches immer weitere Kreise in Organisationen und Gesellschaften zieht. Es handelt sich dabei, um einen fundamentalen Umbruch in Arbeits-, Kooperations- und Wertschöpfungsformen in Wirtschaft, Verwaltung und Gesellschaft.

3. Was sind Ihre Erfahrungen in Bezug auf die digitale Transformation? (Positive und negative)

4. Was bedeutet für Sie der Ausdruck „digitale Transformation"?

5. Welche Technologien oder Konzepte stufen Sie als besonders relevant im Zusammenhang mit der digitalen Transformation ein? (Big Data, Cloud Computing, DevOps, Two-Speed IT, etc.) Erläutern Sie.

Qualitativer Teil:

Eines der Kernkonzepte der digitalen Transformation ist die sogenannte bimodale IT oder auch „Two-Speed IT", die sehr kontrovers diskutiert wird und sowohl Befürworter als auch Gegner hat.

6. Ist Ihnen der Ansatz der bimodalen IT-Architektur („Two-Speed IT") bekannt? Wenn ja, welche Erfahrungen haben Sie damit gemacht?

7. Welche Stärken und Schwächen sehen Sie bei der bimodalen IT?

8. Welche Chancen und Risiken können Sie bei einer bimodalen IT-Architektur erkennen?

9. Welche Rahmenbedingungen (Voraussetzungen, Schlüsselfaktoren etc.) sind Ihrer Meinung nach notwendig, damit eine bimodale IT-Architektur erfolgreich implementiert werden kann und langfristig besteht?

10. Können Sie sich vorstellen, dass die bimodale IT in Ihrem Unternehmen eingeführt wird? Begründen Sie Ihre Antwort.

C Interviewtranskripte

<u>**Transkript des Interviews**</u>

ID: 1

Interviewpartner: XXXX XXXX

Unternehmen: YYYY IT GmbH, YYYY YYYY

Position: Head of Cross Function Domain; CIO

Datum des Interviews: 06.02.2017 (25 min)

Abkürzung: Befragte Person (B: XXXX XXXX), Interviewende Person (I: Alexander Pilipas)

I: *Ja, dann beginne ich jetzt die Aufnahme. Könnte Sie sich kurz vorstellen und auch auf das Unternehmen eingehen in dem Sie arbeiten?*

B: *Ja ich arbeite heute noch für die YYYY IT GmbH, das ist eine eigene legal entity. Innerhalb des ehemaligen YYYY Konzern, der jetzt innerhalb der neuen YYYY YYYY gehört. Ich bin 4 Jahre im Unternehmen und hatte klassische Aufgaben wie die Transformation der IT, da ging es auch in erster Linie um Kostensenkungsthemen und Neustrukturierung. Dann habe ich eine klassische Aufgabe gehabt CIO Office, das ist so sage ich mal Überblick und Transparenz über die IT Aktivitäten zu bekommen, IT Governance, klassischerweiise, was sind die Standards was die Regeln und da ging es auch um viel Verwaltungstätigkeit, dann bin ich vor 2,5 Jahren mit in den Innovation Hub von YYYY gegangen und habe da viel gelernt über neue Methoden, Skills und Ansätze und bin dann dort auch Executive Sponsor gewesen für disruptive digital und da gab es aber auch noch keine Strategie und wir waren uns auch noch nicht richtig sicher was wir eigentlich machen wollen und haben dann im letzten Jahr eine digital Domain in der IT gebaut und da eine Strategie entwickelt und die verstehe ich so ein bisschen als factory, also da wo heute der digital content auf der Geschäftsseite entwickelt wird, soll natürlich auch irgendwann eine Lösung entstehen und da haben wir uns ein paar Gedanken gemacht wie wir das in Zukunft mit unseren Front End Systemen und digital Back End Systemen zusammen bringen möchten. Und seit einer Woche bin ich jetzt Head of digital Cross function, das ist jetzt wieder ganz klassisch wieder IT, es geht hier wieder um die Prozesse, es geht um die ITIL Prozesse, es geht um Vendor Management und Sourcing Strategien, es geht um Supplier Management, es geht um Lizenzmanagement also ganz klassisch wieder old fashioned IT, aber man kann das mit diesen neuen methodischen Ansätzen wunderbar jetzt verbinden.*

I: *Ja das ist sehr schön, Ich habe die digitale Transformation in meiner Masterarbeit auch als Oberthema angesetzt und da würde einfach damit anfangen. Was bedeutet denn für Sie persönlich die digitale Transformation?*

B: *Also persönlich sage ich ganz frech mache ich digitale Transformation seit 30 Jahren. Denn alles was für aus analogen Prozessen mal irgendwann auf irgendwelche Software Systeme digitalisiert oder elektronisch verarbeitet haben, da haben wir Digitalisierung gemacht. Die heutige Digitalisierung ist glaube ich eher Definitionsfrage, das wir irgendwie kleinteiliger werden und das wir jeden Prozess im Zweifel nochmal anschauen und zwar einmal auf die bestehende Logik, ob man noch eine höhere Automatisierung erreichen kann, also das ist eigentlich auch nur eine andere Frage der Rationalisierung, aber viel interessanter ist die Digitale Transformation im Kontext neuer Produkte und Services, die wir heute in den Themen, die wir möglicherweise noch nicht gesehen haben anreichern können. Das ist so für mich die Kernaussage der digitalen Transformation.*

I: *Okay, ja, und was würden Sie sagen in Zusammenhang mit dieser Definition, welche Technologien oder Konzepten sehen Sie als besonders relevant an? […]*

B: *Ja, alles was sie aufgezählt haben. Zu Big Data ist klar, dass man sich vielleicht ein paar Gedanken darüber machen muss, gibt es eigentlich ein digitales Datengeschäftsmodell, also wie können wir aus Daten, die digital generiert werden, neue Geschäftsmodelle identifizieren. Cloud Computing, klar, wir haben eine Cloud First Strategie, wir versuchen heute so viel wie möglich nicht mehr onpremise zu betreiben, sondern haben auch Cloud Anwendungen, die wir nutzen. DevOps ist ein Ding, das ist vielleicht noch nicht so gesetzt, aber da muss man langsam hin, das hat natürlich gleich was mit Agilität zu tun, die Projekte anders zu machen in Zukunft und der Two-Speed IT Ansatz ist auch klar, da brauchst du andere eine Architektur, also wie verbindet man die Backend Systeme mit den Frontend Systemen ist die große Frage.*

I: *Ja, ich würde tatsächlich gerne bei der Two-Speed bzw. bimodalen IT bleiben, weil ich sie schwerpunktmäßig in meiner Masterthesis behandle. Ich mache letztendlich eine detaillierte SWOT-Analyse und das würde mich auch interessieren, also sie kennen ja diesen Ansatz und welche Stärken und Schwächen sie letztendlich hinter diesem Ansatz sehen.*

B: *Ja, Stärken und Schwächen. Also ich denke einmal die Stärke, die so eine bimodale IT Architektur hat, ist einmal, also ich gehe kurz noch mal zurück, wenn wir früher über product gesprochen in einem klassischen SAP ERP Lösung CRM, dann haben wir über product life cycles gesprochen, die teilweise 7 – 10 Jahre lang waren. Wenn Sie heute in diesen neuen digitalen Lösungen gehen und sehen wie schnell sich das ändert, dann haben sie plötzlich einen life cycle, der möglicheYYYYise in 12 Monaten, also bis sie damit Geld verdienen. Das ist eine große Herausforderung. Das ist natürlich die Stärke dieser bimodalen Architektur, dass sie eben diese kleinen digitalen Lösungen schnell bauen, andocken können und auch schnellstmöglich wieder abdocken. Gleichzeitig eine Stärke dieses Modells ist eigentlich, dass Sie sich konkret, ganz konkret Gedanken machen müssen über ein Datenmodell, denn Daten sind ja nicht nur pures Gold sondern Daten erkennbar sein, transparent sein, identifizierbar sein und diese digitale Two-Speed Architektur braucht das. Das ist* *ein riesen Vorteil. Schwächen: Ja. Ich denke mal, wenn man nicht aufpasst, dann kann es sein, dass wir nicht Komplexität reduzieren, sondern durch verschiedene Layer, die es in dieser Two-Speed Architektur braucht, wir plötzlich mehr Komplexität aufbauen und eine Schwäche kann sein, wenn das nicht ordentlich gemacht wird, kann man auch schnell den Überblick verlieren.*

I: *Okay, ja das stimmt. Stellen Sie sich mal vor, man müsste so eine bimodale IT im Unternehmen implementieren. Was sind die Rahmenbedingungen, Voraussetzungen, Schlüsselfaktoren, um das erfolgreich zu tun?*

B: *Ja, also Sie müssen glaube ich erstmal auch, erste Voraussetzung was ich gerade gesagt habe ich das Datenmodell. Es muss klar sein, transparent sein. Sie müssen Datenownerschaft haben, sie müssen auch klare Verantwortlichkeiten haben, wer ist verantwortlich für welche Daten und diese Stakeholder müssen Sie mit im Boot haben, andere Rahmenbedingungen sind natürlich, alles was die Gesetzgebung vorgibt. Datenschutz, Security ist ein ganz großer Aspekt, ja der muss mitberücksichtigt werden und dann gibt es für mich die Rahmenbedingungen, setzen Sie gewisse Standards und nutzen Sie auch schon Standards. Ich sag mal wie den API-Ansatz, dass man ihn natürlich so groß wie möglich ausrollen kann. Also großflächig schön ausrollen kann.*

I: *Nun haben viele Interviewpartner den Humanfaktor angesprochen und es als eine Schwäche bzw. Herausforderung gesehen. Dass wenn man so eine Strukturänderung hat innerhalb der IT, dass man auf viele Barrieren und Widerstände stößt. Sehen Sie das auch so?*

B: *Ich würde das als eine ganz große Herausforderung sehen. Wie kriegen Sie auf der einen Seite die verschiedenen Talente und Mitarbeiter in diesen neuen Architekturwelten und wenn Sie das nicht schaffen, wie können Sie diese Talente am Markt rekrutieren? Das braucht glaube ich auch eine Profilschärfung, das ist die Herausforderung.*

I: *Ja, Rekrutierung, das ist relativ klar. Aber was machen wir mit den Mitarbeitern, die bereits lange im Unternehmen gearbeitet haben und für die dieser neue Ansatz ungewohnt ist?*

B: *Also einen großen Teil der Mitarbeiter nehmen wir mit, die gehen natürlich in die neuen methodischen Ansätze, ein großer Teil ist richtig neugierig und interessiert und möchte auch in diesem Agilitätsansatz und in diesen neuen Methodenskills arbeiten. Einen Teil brauchen Sie in der alten IT, weil Sie werden diese Legacy Backend Systeme niemals los werden. Das ist ein klares Statement, wir werden immer irgendwelche ERP-Systeme im Hintergrund laufen haben. Und dann gibt es natürlich auch bei den Menschen einen gewissen Life Cycle, also das wird sich auch über die Zeit von alleine erledigt haben. Weil dann irgendwann auch Mitarbeiter das Unternehmen verlassen. Da müssen Sie gucken, dass Sie neue Talente mit an Bord kriegen.*

I: *Ja, ist die bimodale IT bei YYYY tatsächlich in irgendeiner Form ein Thema?*

B: *Also wir haben das in der Strategie verankert, und zwar auf allen Ebenen, wenn wir über bimodal reden, dann reden wir nicht über eine two-speed Architektur nur, sondern auch über die Prozesse. Sie müssen natürlich viel kleinteiliger denken, Sie müssen schneller werden, ja Sie können nicht mehr große Ausschreibungsprozesse im Einkauf machen, Sie müssen spliten zwischen den ich sag mal wichtigen Basisprozessen, die auch von ihrer Komplexität leben und aber auch in der Digitalisierung zum Beispiel über Ausschreibungen oder auch über ein Start-Up oder eine andere digitale Lösung im Unternehmen integrieren können.*

I: *Also Sie würden sagen, dass man nicht nur die klassische IT (Mode 1) hat und die agile IT (Mode 2) hat, sondern das es mehr multi-speed IT ist.*

B: *Ja, also wenn wir über die Architektur sprechen ist es sicherlich so, dass wir über two-speed sprechen und wenn wir über bimodal reden, dann sprechen wir auch über die Prozesse drumherum. Das fängt beim Einkauf an, bei der Auswahl, bei der Integration und bei der Security. Das ist eher so der bimodale Ansatz.*

I: *Okay, ja welche Erfahrungen haben Sie noch mit der bimodalen IT gemacht?*

B: *Also ich selber habe selber mal, das ist schon wieder 6 Jahre her, ich habe irgendwann mal einen Global Exchange Award bekommen, weil ich sehr früh mit einer SOA Architektur begonnen habe. Da haben wir eben aber über rollenbasierte WebGUIs gesprochen, die auch in einem Standardkontext, ich sag mal damals unter Java etabliert worden sind. Da haben wir noch nicht über API-Technologien gesprochen und genau den gleichen Ansatz verfolgen wir hier heute auch bei YYYY und innogy, dass wir einen enterprise layer und einen digital layer zusammenbringen und im Prinzip auch den klassischen Enterprise Service Bus auch wieder etablieren.*

I: *Das heißt das sind so Themen, die alle paar Jahre wieder auftauchen?*

B: *Ja, das ist in der Tat so.*

I: *Okay, ja wir habe nun auch noch bisschen Zeit um über die digitale Transformation zu sprechen. Welche Erfahrungen haben Sie damit gemacht?*

B: *Also wichtig ist erstmal, dass es eine digitale Strategie im Unternehmen verankert werden muss und, dass die natürlich auch kommuniziert ist. Das alle wissen, was diese digitale Strategie für das Unternehmen heißt. Sie brauchen organisatorische Anpassungen, wir reden hier nur über einen CDO sondern wir brauchen auch Digital Responsibilities in den verschiedenen Segmenten. Ja, also Digitale Transformation, das ist ein Teil der liefert IT zu, aber Sie müssen sich erstmal über den digitalen Content und Geschäftszweck Gedanken machen. Also was will man denn eigentlich digitalisieren? Das ist glaube ich die wichtigste Herausforderung und brauchen Sie auch den kulturellen Wandel, dass sie auch mit der Methodenkompetenz neu anfangen. Sie haben da oben diesen DevOp Mode benannt, wir haben über Agilität gesprochen, die Frage ist, kann man sowas noch in Wasserfallprojekten ansetzen, muss man den Scrum-Ansatz haben. Wir reden heute auch über Minimum Viable Products, wir reden über dem ganz klassischen Problemsolving Ansatz, Customer Centricity,* *also das ganze muss sich gesamtheitlich drehen. Es nutzt nicht nur an einer Stelle eine digitale Transformation durchzuführen, sondern Sie müssen natürlich auch wissen, wo geht der Zug hin. Was braucht es alles dafür? Das sind glaube ich die wichtigen Herausforderungen.*

I: *Ja, haben Sie auch negative Erfahrungen mit der digitalen Transformation gemacht?*

B: *Naja, das ist natürlich auch eine Imagefrage, das ist ein Hype Thema. Es gibt viele Teile die werden unter die digitale Transformation gesteckt, aber die sind vielleicht im Kern keine digitale Transformation. Ich glaube da muss schon ziemlich klar selektieren, was gehört zur digitalen Transformation dazu. Wenn Sie heute, ich sag mal, eine Maintenance auf eine Software-Package fahre, das ist keine digitale Transformation. Also ich glaube, die digitale Transformation im Kern beinhaltet auch wirklich Neu-zu-tun und Neu-zu-denken. Also sich auch nochmal den Prozess genauer anzugucken.*

I: *Das heißt es ist ja dann auch ein Kulturwandel letztendlich.*

B: *Ja!*

I: *Und ich kann mir auch vorstellen, wenn wir den Humanfaktoren jetzt hernehmen, ist das auch die größte Herausforderung der digitalen Transformation. Also weniger die Herausforderung der Technologien. Dass man nicht weiß was man einsetzt oder so.*

B: *Ja genau. Das hat natürlich auch mit neuen Technologien zu tun und das hat auch mit diesen neuen innovativen Methoden zu tun und den Tools zu tun. Geschwindigkeiten zu tun. Also das stimmt schon, das muss man sich auch alles ganz genau angucken.*

I: *Okay, wenn wir nochmal kurz auf die bimodale IT eingehen, dann sollten wir noch kurz Chancen und Risiken sprechen. Welche Chancen und Risiken können Sie in Bezug auf die bimodale IT erkennen? Auch unter dem Aspekt Zeitfaktor, Entwicklungsmöglichkeiten. Ich kann mir zum Beispiel vorstellen, dass die bimodale IT ein mittelfristige Lösung und langfristig die gesamte IT agiler und flexibler werden muss.*

B: *Das muss sie auf jeden Fall, die Risiken, die ich eben deutlich sehe ist, dass wir es eben nicht schaffen uns da zu innovieren. Gerade auf dem Architekturansatz und dass wir noch viel zu stark verharrt bleiben ins unseren Legacy und Backendsystemen und dass wir es auch nicht schaffen in den Legacy und Backendsystem auch ein stückweit zurück in den Standard zu gehen und diese neuen Funktionalitäten, die kürzere Life Cycles haben auf die digitalen Ebenen zu heben, als auf diese digital Frontends. Das ist sicherlich ein Risiko und das Risiko ist natürlich auch, dass Sie die Mannschaft nicht mitnehmen und dass im Prinzip dadurch ein riesen Gaps ergeben, sowohl ich sage mal im Lösungsansatz wie auch im Skillansatz, also in den Fähigkeiten, die wir da aufbauen müssen. Das wären für mich so die wesentlichen Risiken. Und wenn sie das geschafft haben, dann ist es auch gleichzeitig eine riesen Chance, weil sie natürlich einen Super Speed an den Tag legen und viel agiler, viel schneller auf die Bedürfnisse des Marktes reagieren können. Das ist die riesen Chance, die man das sieht.*

I: *[...] Ja Frau XXXX, ich bin ziemlich mit den Fragen durch und wünschen Ihnen alles Gute. Dankeschön, tschüss.*

Transkript des Interviews

ID: 2

Interviewpartner: Dr. XXXX XXXX

Unternehmen: YYYY

Position: President IS & SCO

Datum des Interviews: 10.04.2017 (37 min)

Abkürzung: Befragte Person (B: Dr. XXXX XXXX), Interviewende Person (I: Alexander Pilipas)

I: *Ja herzlichen Dank für das Gespräch und dass ich es aufnehmen darf. Die Fragen sind sehr allgemein gestellt, weil ich Interviewpartner aus sehr viele unterschiedlichen Branchen. Das ist eine Masterarbeit, da geht es erstmal um die digitale Transformation in Organisationen an sich und später möchte ich dann auf die bimodale IT Architektur eingehen. [...]*

B: *Ja, ich bin jetzt hier in der IT seit etwa 4 Monaten verantwortlich für die gesamte globale IT der YYYY und bin normalerweise spezialisiert auf die Supply-Chain Operations, das hat man so entschieden, weil die Supply-Chain der YYYY letztlich der größte Kunde der YYYY ist. Weil wir natürlich unglaublich viel von A nach B bewegen müssen und wir versuchen das so gut wie es geht durch IT zu unterstützen, zu automatisieren, systemseitig da professionell zu sein und da haben wir es einfach zusammengelegt, deshalb das Spezifikum und was meine Challenge persönlich ist. YYYY wollte, dass man nicht einen IT Experten als Leiter der IT benannt hat mit mir, sondern jemanden, der die letzten 15 Jahre im Geschäft verbracht hat, weil es bei uns, wie auch bei anderen Firmen, zu einer über die Zeit immer zunehmenden Disharmonie zwischen dem Business und der IT gekommen ist, weil die IT häufig ihre eigene Agenda hat und eine Agenda, die das Business häufig nicht versteht und die Parteien nicht gut miteinander kommunizieren und nicht die gleiche Sprache sprechen und die Lösung wird dann sein, naja, dann soll jemand vom Business da selber hingehen und das dann stellvertretend für das Geschäft dann machen, was in der Theorie ganz gut klingt, aber in der Praxis braucht man natürlich bisschen Erfahrung. Ich habe seit 4 Monaten eine ganz massive Lernkurve durchlaufen und hoffe von daher, dass ich ein guter Gesprächspartner für Sie sein kann, aber wie gesagt 4 Monate, da ist auch eine ganze Menge angekommen bei mir und ich habe viele Dinge durchdekliniert.*

Okay, dann fangen wir gleich an, was ist Digitalisierung in der YYYY. Das hat erstmal nichts, oder sagen wir, mittelbar mit IT zu tun. Hier ist ganz wichtig zu sagen, Digitalisierung kann nur funktionieren in der Firma, wenn Sie getrieben wird von dem Business. Und wenn wir über digitale Transformation reden. Man kann ja im Englischen schön unterscheiden zwischen Digitization, Digitalization und digital transformation, drei Stufen, wobei für mich Digitization die Überführung der analogen in die digitale Welt ist und die Digitalisierung das konsequente digitale Durchdenken und Zusammenschalten von ursprünglichen digitized Dingen, Informationen und digitale Transformation wäre für mich dann das wirkliche Neuaufsetzen von Business Konzepten und vom Business an sich, der digitalen Welt Möglichkeiten folgend. Wenn man die drei Dinge differenzieren mag, das definiert grundsätzlich jeder anders. Und wenn wir natürlich den letzten Schritt haben, weil den ersten Schritt Digitization kann man natürlich wunderbar im IT Department unterstützen und auch treiben, dann kriegt man natürlich immer weniger analoge, immer mehr „paperless" aus der digitalen Welt. Das Thema Digitalisierung erfordert schon eine ganz intensive Zusammenarbeit zwischen Geschäft und IT Abteilung, weil es hier um Prozesse geht, die komplett durchdigitalisiert werden müssen. Aber auch hier kann man noch hier eine gewisse Distanz zwischen den beiden Einheiten noch aushalten und moderieren. Bei der digitalen Transformation, da ist es ganz wichtig, kann es nur funktionieren nach meiner Erfahrung, auch nach vielem was ich gehört habe von anderen Firmen, wenn es ganz massiv vom Business getrieben wird, wenn das Business es will und dann Business und letztlich die IT Einheit ganz eng zusammengehen, sodass sie dann nicht mehr in zwei getrennten Organisationen am Ende sich dann wiederfinden. So würden wir das in der YYYY sehen und deshalb gibt es dann auch meine Erfahrungen damit, positive, negative, das ist dann ganz simpel. In dem Moment wo ich im Top Management auf der Business Seite ein starkes Commitment habe, läuft das, da hat man viele Projekte und viele Idee. Dadurch ist die Lernkurve dann steil und es gibt eine tolle Entwicklung für Einheiten und für Geschäfte. Wir haben ungefähr 80 verschiedene Geschäftseinheiten, die wir unterscheiden, das ist relativ komplex bei uns, weil bei den Geschäften, die da kein Potenzial darin sehen, die dann sagen ja das passt besser in den Bereich Banken und Versicherungen oder Retail aber nicht für Chemie. Die haben dann entsprechend auch dann weniger am Laufen, weniger Erfolg und auch weniger Feedbackzyklen. Wir versuchen natürlich intern, diejenigen, die da noch sehr zurückhaltend sind zu inspirieren durch eben die schönen Beispiele, die wir kreieren konnten bei denen, die da eben offener waren und auch mehr gemacht haben. Wie gesagt, das kann man den Leuten nicht aufzwingen, wenn das aus dem Business heraus nicht kommt, dann funktioniert es nicht.

I: *Ja, es ist schon wichtig, dass die Leute da mitziehen und auch davon überzeugt sind. Aufzwingen ist da glaube ich auch der falsche Ansatz.*

B: *Ja, ich denke das wäre auch logisch selbsterklärend und man muss da auch nicht viel dazu sagen und dann wundert man sich doch häufig, warum es nicht funktioniert. Ich denke es liegt weniger an dem fehlenden Willen der Beteiligten, sondern an einer Unfähigkeit sich vorzustellen was es* *eigentlich für mich bedeutet. Und da werden unglaublich viele Säue durchs Dorf getrieben. Die Leute warten dann immer auf diesen Effekt, ich wache morgens um 4 auf und kann nicht einschlafen und ich habe die geniale Idee, aber so, in meiner Erfahrung funktioniert das nicht. Man muss unglaublich viel starten, man muss rumexperimentieren, man muss bereit sein hohe Risiken zu gehen und Dinge auch mal zu erlauben, die ganz früh sind und die ganz unsicher sind und völlig unklar sind, was das überhaupt soll und worauf es hinausläuft und aus diesen Experimenten entstehen häufig auch Fehlschläge, dann aber spannende Ansätze in der 2. Oder 3. Generation. Wenn man aber sehr skeptisch an das Thema herangeht und aus der 1. Generation nur Unsinn sieht, dann kann es sein, dass man die Tür schon wieder verschließt und dann sagt wir denken zwar nach über Digitalisierung, machen aber nichts. Ich glaube Digitalisierung braucht auch Experimentierfreude, Bereitschaft zu Scheitern und von daher etwas was ich fast schon als unrationales Commitment bezeichnen würde. Also ein tiefer Glaube, dass nötig ist, dass es wichtig ist und das pushe ich dann. Und wenn Leute das machen, dann hat man in der zweiten oder dritten Generation dann wirklich diese disruptiven Ideen manchmal und man sich dann fragt, wieso bin ich davor eigentlich nie darauf gekommen. Man stochert eigentlich blind im Nebel herum und nur in der Nachbetrachtung wirkt es dann eigentlich genial, aber nicht während des Tuns. Das ist im Kern auch eigentlich wie Forschung betrieben wird, da ist die digitale Transformation für mich auch mit vergleichbar.*

[…]

Ja, gehen wir zurück zur YYYY, Sie hatten ja auch das Thema bimodale IT angesprochen?

I: *Ja, genau, da können wir gerne jetzt mit einsteigen.*

B: *Und da könnten wir auch einen Deal machen, ich helfe Ihnen und Sie können dann auch mir helfen, dass Sie da am Ende, wenn Sie Ihre Arbeit fertig haben, SWOT-Analyse von der bimodalen IT, da wäre ich interessiert an ihren Erkenntnissen. Weil das wird bei uns intern verkauft, und deswegen werde ich es auch als offizielle YYYY Linie so darstellen, als das Beste seit Erfindung vom geschnittenen Brot. Wir haben das Problem, wir leben in einer sehr langsamen unglaublich komplexen und unbeweglichen, wir nennen es ERP-Welt, wir benutzen natürlich YYYY wie die meisten anderen Chemieunternehmen SAP als ERP System, wir haben einen mächtigen Kern, Cobalt Kern heißt er, der die YYYY mehr oder weniger durchautomatisiert hat, was die grundlegenden Geschäftsprozesse angeht in Richtung book-to-report, in Richtung order-to-cash, so definieren wir Geschäftsprozesse durch und versuchen sie dann über ERP Systeme zu automatisieren. Als kleines Beispiel, wenn wir Speditionen beauftragen Transporte von A nach B zu machen, dann können Sie sich vorstellen, das sind tausende pro Tag, dann geht die gesamte Prüfung, wenn die Rechnung dann kommt, inklusive die Bezahlung der Rechnung, das passiert zu 99% ohne Menschen, das ist komplett durchdigitalisiert schon seit Jahren und da benutzen wir solche mächtigen ERP Systeme. So jetzt können Sie sich vorstellen, so ein SAP Monster und YYYY hat eines der komplexesten SAP Systeme, wir haben auch das SAP R3, da wurden auch etwa 300000 Add-Ons nochmal draufgesetzt, also so speziell eigenprogrammierte Dinge, bei denen wir halt denken, dass wir speziell für die Chemieindustrie hier nochmal die Nase nach vorne bekommen und wenn die da was ändern* wollen, was entwickeln wollen, dass kostet nochmal Millionen und dauert Jahre und da ist natürlich auch sehr viel an Business Frustration dann zu erklären, die in den letzten Jahren entstanden ist. Die wollen halt ganz schnell was haben und da wurde diese Two-Speed IT entwickelt als Idee und wir haben das ganze etwas verfeinert, wir sprechen von einer Three-Speed-IT, weil wir sagen im Kern die langsame Welt, die muss auch langsam sein, das ist unser ERP, als zweite Geschwindigkeit sehen wir dann immer mehr Softwareappliaktionen, die entwickelt werden auf Plattformen, das heißt das ist auch individualisiert, also Plattformen wie AWS, Hana Hybris, Azure wie sie alle heißen, ja Sie kennen die alle, auf solchen Plattformen sehen wir in der Zukunft individualisierte Anwendungen, die werden programmiert oder konfiguriert speziell, die gibt es dann nur so bei der YYYY, die dritte Geschwindigkeit, das ist die schnellste Geschwindigkeit, das ist einfach Software-as-a-Service, wir nehmen den Service so wie er am Markt ist und haben da natürlich nichts mehr zu konfigurieren oder entwickeln, man kann sich da wenn man schnell sein will, das heißt wir können uns heute entscheiden und sind dann schon im Laufe der Woche schon live. Weil man einfach diese Software sofort nehmen kann, deswegen unterscheiden wir eigentlich drei Geschwindigkeiten. Das ist auch unsere Architekturstrategie, die wir vorantreiben wollen, weil wir, ich glaube der Hauptblock oder die Hauptarbeit ist sicherlich die Verschiebung aus dem langsamsten Kern ERP SAP auf die Plattformen, weil wir denken als YYYY, dass wir Software-as-a-Service nicht beeinflußbar, sooft nicht machen können. Das kann evtl. auch ein Vorurteil sein.

I: *Manche machen da keinen Unterschiede zwischen Speed 2 und Speed 3.*

B: *Ja, das ist okay, weil es ja sehr vergleichbar ist. Wir wollen einen Unterschied deswegen machen, damit da keine Missverständnisse entstehen, was bei Geschwindigkeiten auch Kosten angeht. SaaS ist kostentechnisch auch etwas anderes als Dinge, die man auf Plattformen noch entwickeln muss, mit eigenen Ressourcen. Das kostet dann Geld und das dauert auch eine Zeit. Deswegen sehen wir auch von der Qualität her eine Chance oder Gefahr, je nach dem wie man es betrachtet, dass Software-as-a-Service durch die Schnelligkeit und durch die Kostengünstigkeit nochmal sich abheben könnte von Plattformapplikationsentwicklung.*

I: *Machen Sie das dann Projektbezogen, dass ich sag mal Projekt A ist Speed 2, Projekt B ist Speed 3, bzw. die ganzen Backendsystemen laufen dann auf Speed 1?*

B: *Wir haben das auch so organisiert, das ist auch glaube ich auch relativ bekannt, wir haben die gesamte IT Organisation vor etwa, ja zum ersten Januar, haben wir sie komplett restrukturiert, vorher hatten wir ein System, da wurde halt, das war das alte Plan-Build-Run, da war die Plan-Bild Organisation, das war eine Organisation und die Kollegen, die dann das Run gemacht haben, das war eine andere Organisation, die war getrennt, da gab es auch häufig Konflikte und jetzt haben wir gesagt, es hat keinen Sinn in einer beschleunigten Welt und dann haben wir natürlich das Konzept des DevOps eingeführt bei uns, dass wir die Menschen zusammenbringen, dass wir auch die Geschwindigkeit auch über die org. Struktur abbilden können, die wir dann meinen zu brauchen. Damit dieses DevOps Konzept funktioniert, da haben wir zwei Teile gemacht, einmal diese langsame Geschwindigkeitswelt, diese first Speed, das nennen wir System of records, das ist* *eine SAP Experten Truppe, die natürlich langsamer in großen Projekten operieren wird, da geht es ja darum, dass wir am offenen Herzen des Patienten arbeiten müssen und die werden sicherlich auch im alten Waterfall Modell bleiben und weniger auf agile Methoden gehen und dann haben wir eine andere Einheit, die ist deutlich größer, das ist auch die Einheit der Zukunft, System-of-Engagement und die arbeiten, dann mit den ganzen agile Sprint, Scrum modernen DevOps Methoden und sollen schnell und hoch agil und zur vollster Zufriedenheit unserer interner Kunden dann vorantreiben.*

Jetzt haben Sie angedeutet, dass es da auch Risiken und Nachteile gibt. Wo sehen Sie denn da Nachteile, das klingt ja auch erstmal alles logisch und in die richtige Richtung führend.

I: *Also ich habe da nicht nur Risiken und Chancen, sondern auch Stärken und Schwächen. Bei Stärken und Schwächen gehe ich auf eine interne Sicht des bimodalen Ansatzes ein, das heißt ich lasse die Umweltfaktoren außen vor und betrachte das Konzept an sich, sozusagen von innen heraus. Ich sehe die wesentliche Schwäche in diesem Konzept, dass es natürlich gewisse Barrieren geben wird, die mit so einer Umstrukturierung einhergehen, namentlich würde ich sagen es sind Motivations- und Fähigkeitsbarrieren.*

B: *Ah jetzt weiß ich was Sie meinen und da kann ich Ihnen 100% Recht geben. Das ist in der YYYY auch ein riesen Thema, die Leute, die ein Leben lang in der alten IT Welt verbracht haben, sehen das auch als Bedrohung. Wir haben jetzt auch natürlich nicht nur Mitarbeiter, die sich in den 20ern oder 30ern Altersgruppe sich befinden und die einfach Lust haben auf etwas Neues. Wir haben einfach demographisch die meisten Mitarbeiter über 45 als unter 45 und für die ist das, da bin ich voll bei Ihnen, alles ein Hexenwerk, die versuchen sich natürlich an das Alte zu klammern. Da ist ein Risiko drin, absolut und ich kann natürlich die Mitarbeiter nicht einfach auf die Straße setzen, da habe ich erstmal eine soziale Verantwortung in Deutschland und da haben wir in anderen Ländern auch den Arbeitnehmerschutz, aber man muss diesen Change Prozess einleiten, dass ich diese Mitarbeiter inspiriere und ihnen klar mache, das ist die neue Welt, die da kommt und ein Klammern an die alte Welt hat keinen Sinn, weil die alte Welt wird nicht mehr zurückzuholen zu sein. Sie kann in ihrer Effizienz nicht mehr mithalten und nur wenn ich die Leute motivieren und inspirieren kann, dann kann ich vielleicht nochmal die Bereitschaft haben, dass sie im höheren Alter sich das antun etwas Neues zu lernen, sich auf etwas Neues einzulassen. Dann glaube ich haben wir eine Chance da auch wenn die positive Grundeinstellung da ist, diese Menschen positiv weiterzuentwickeln. Aber ja da bin ich voll bei Ihnen. Ich dachte Sie hätten inhaltlich noch Sorgen, ob das der richtige Weg ist, weil den Weg gehen ja alle Firmen jetzt.*

I: *Nein, da geht es wirklich so um diese Umstrukturierung hin zu mehr Flexibilität und Agilität der IT Organisation. […]*

Ich kann denke eine Chance ist dann eine gute Mischung zu finden im Unternehmen, dass man Mitarbeiter hat, die sowohl lange im Unternehmen sind und die Geschäfte kennen, aber eben auch junge Mitarbeiter, die diese agile und flexible Denkweise unterstützen.

B: *Ja, absolut, wir brauchen auch noch diese Mitarbeiter für die vielen Altsysteme, Legacy Systeme, das ist so. Aber wenn ich in der breiten Masse die Einstellung habe, Cloud ist gefährlich, Cloud ist quatsch und Cloud ist verantwortungslos, dann habe ich auch keine reale Möglichkeit etwas auszuprobieren. Das darf ich nicht zulassen als Leiter des Ganzen natürlich. Das geht nicht, da muss ich natürlich auch irgendwo die richten Leute haben, die offen sind, die modern denken. [...]*

Deshalb glaube ich, dass das ganze Thema Change Management der wichtigste Teil der digitalen Transformation ist und weniger die technischen Anforderungen.

I: *Eigentlich also mehr das was im Kopf passiert.*

B: *Absolut, ja, von daher wird es eine glaube ich ziemlich lange Journey werden bis wir am Ende da sind und daher die digitale Transformation und dessen Dynamik auch eine lange Zeit hoch bleiben. Die Veränderungsgeschwindigkeit nimmt zu und das wird für manche Menschen ein Problem.*

Ich habe 5000 Mitarbeiter, davon 2000 in der IT und diese 2000 Mitarbeiter immer wieder da zu halten, dass die modern denken, dass die ganz vorne mit dabei sind, das ist natürlich eine Herausforderung. Aber das ist auch kein Problem, denn alle Firmen mit denen ich in Konkurrenz stehe, haben diese Herausforderung, wir müssen es nicht perfekt machen, wir müssen es nur besser machen oder genauso gut wie die besten in der Welt. [...]

I: *Was würden Sie denn sagen, was sind die optimalen Rahmenbedingungen, Voraussetzungen, Schlüsselfaktoren, um so eine IT von mehreren Geschwindigkeiten zu implementieren?*

B: *Ja, wie ich schon sagte, ich glaube hier der Fokus auf den Change-Prozess, Menschen mitnehmen, Menschen begeistern, Menschen befähigen dies zu tun, weil Menschen können das größte Hindernis sein, wenn sie das boykottieren würden. Weil ich glaube die Geschäfte sind sehr offen für solche Methoden, das zweite was ich erreichen muss, das ist auch ein Problem, da haben wir noch gar nicht darüber gesprochen, das sind Ängste in den Vorständen und der Vorstand der YYYY ist ein sehr konservativer Vorstand, der Altersdurchschnitt bei unserem Vorstand ist irgendwo weit über 50. Die haben noch sehr viele Ängste gegenüber Cloud und gegenüber Dingen, die nicht on-premise sind und ja das schaffe wenn der Vorstand am Ende hier nicht mitspielt.*

Also ich sage mal die eigenen Mitarbeiter und die Keystakeholder einer Organisation, das können auch Strategen sein oder eine Stakeholder, die noch nicht mal digital Immigrants sind geschweige denn digital natives sind, müssen natürlich überzeugt werden. [...]

I: *Ja, ich denke wir sind schon sehr gut durch und ich kann ihnen dann gerne die Arbeit zuschicken. Vielen Dank, tschüss.*

Transkript des Interviews

ID: 3

Interviewpartner: XXXX XXXX

Unternehmen: YYYY YYYY

Position: Business Development Manager –

Bereichsleitung Mittelstand Deutschland

Datum des Interviews: 29.01.2017 (32 min)

Abkürzung: Befragte Person (B: XXXX XXXX), Interviewende Person (I: Alexander Pilipas)

I: *Okay, I am going to start the recording now. Please introduce yourself and your company.*

B: *My Name is XXXX XXXX and I am working for YYYY as a Business Development Manager. YYYY is a global company for research and adviser, for providing advice on business and technology matters. Which means basically that I consult customers who are using YYYY services. And of course my perspective is on one side the research that YYYY does and what I see the clients that I speak to, how they are dealing with this topics, but I don't have direct experience on digital transformation or digital programs or the bimodal approach.*

I: *Yes, okay, I think it's not a problem for me because, I am trying to collect a lot of different business insights, and I guess our conversation will be of good use. So maybe I should share my screen, because I have prepared some questions.*

B: *Okay, I can see it. […]*

I: *Okay, the first question will be, what are your experiences with digital transformation, what are your positive and negative experiences?*

B: *Okay, first I think we have to make the common ground for definitions, what do you mean for digital transformation at this point? It's a question that company are discussing, so when you speak with different companies in different industries, they have a different perspective of what digital transformation means. So first you should define I guess, what digital transformation is.*

I: *Okay, you are right that's actually the next question, what does digital transformation personally mean to you. And after that you can tell me about your experiences within that topic.*

B: Okay, so for me digital transformation is a journey. It's a process that organizations can become a fully digital company, this means reinventing the whole business model and how a company works and how they engage their stakeholders, which means their clients, their suppliers, the whole ecosystem and all actors that a company has to deal with. But for many companies today digital transformation can mean to start digitalizing a process. That can be a production process that can be supported by digital technologies and there is the approach of collecting the data so that you can make analytics and the analysis of the process and maybe then digitalize the product itself and then digitalize how the employees work together, digitalize the work place of the company to become a full digital company.

I: Yes, I also think that digital transformation mean for every company something different. Am I right of that?

B: Yes, absolutely!

I: Okay, when you think about that digital transformation as a whole process, as a organizational transformation, what do you think are the most important technologies for that transformation? So for example Big Data, DevOps, Cloud Computing. [...]

B: Well let's say, being digital it implies having different areas. One area is technology, one area is organization, so how people work and the other is the business model, so how the business is shaped to create value. All this three areas have to work together consistently to be a successful digital organization, all of those technologies which are mentioned are areas of technology which need to coexist. Big Data is a concept that now is evolving into digital analytics, there are even more sophisticated ways of analysing data which would be a primal asset for every company when we go digital into future. When we create data, we collect data, we manage the data, so all kind of technology for analytics will be for sure relevant. Some companies will leverage cloud computing, it's a trend which is going on since years and it's difficult to imagine that every company with a strong informational data shouldn't use it. DevOps is not really a technology but a way people work, the way of coding, programming the applications, so let's say the two speeds, the way of operating which is linked to the two-speed IT and the bimodal. So they are ways of how an organization could work, but of course all of this areas need to be present at the same time, in order to make a successful digital transformation initiative.

I: What do you think of machine learning or AI, because at the moment I feel like a lot of companies and actually also at our university there are a lot of courses about machine learning, do you also think that, yes it's a technology or concept which very future oriented.

B: Yes, I am not an expert in this field but what I see as a trend, is machine learning is very relevant now. So there are already projects, automation and production facilities when you think about large automotive factors. They are investing happily into these technologies, because the whole automation and digitalization of the factory is something that is happening at the moment. For sure there will be developments in the following years but I see that it is already being commercialised. So it's already reality.

I: Yes, I also think so. Especially in the automotive area, machine learning and AI is very relevant right now and will be in the days to come. Have you made some positive or negative experience with digital transformation, maybe when you take a look at conversations you had with customers, which you would like to share with me?

B: I see many times in companies the poor of management styles, a very ambitious goal, and when it comes to the execution there is reduction, let's say of the scope of the project for example, so I think it requires a very strong vision that is supported by all levels of management to make a digital transformation initiative successful. And it's all about the culture. About how people work and about how all the employees are aware, at the same time, that they need to change something at work, in order to make this happen. So the challenge is really on the cultural and organizational level.

I: Yes, I agree with that. A lot of companies have the feeling that they have to get digital, but they don't really know what it means exactly and what it means exactly and what they have to do.

B: Yes, I agree with it. There are many different approaches at time. It is much easier for a company to be born in a digital context, so it is easier to create something from scratch, something new that is born digital rather than changing an organization that is already successful and is already making money. And you ask them to change completely to a different paradigm, it's a big ask.

I: Yes, and what you just said has to do something with bimodal IT. As you said, sometimes it is easier to make something new from scratch. Maybe we can start with the qualitative part, which is the bimodal IT. [...] Do you know that concept and if you which experiences have you made with that?

B: Yes, I know it from let's say a research perspective. In YYYY, we have a whole group of analysts, that are working on research on bimodal IT and how do you implement it inside companies. Do you know this Mode 1 and Mode 2 bimodal IT?

I: Exactly, yes, the whole idea is from YYYY actually.

B: Yes, YYYY developed this framework, which says, how you can implement innovation within your IT organization. When you look at the technologies which you have inside your organization, you have some core technologies, which are the skeleton for very big systems inside an organization and are difficult to change. You have a second layer of technologies that are those technologies that create the finance within the market so it could be for example a BI tool and then you have a third level of technologies which are the technologies which let create the innovation. So a lot of different technologies. If you think about this three layers, in form of an triangle, you have a triangle which is very focused on core technologies. So this is the Mode 1 of bimodal where you work traditionally as you have done since ever. In Mode 2 you have the possibility of exploring new ways of ding thing *by leveraging technologies you have inside your organization and be less dependent on other units. So it's a way of experimenting more let's say with a start-up approach.*

I: *Yes, exactly. That's why I think the bimodal IT has a lot of strengths, but it is also discussed very controversly. What do you think are strengths and what are weaknesses?*

B: *Well it all comes down to how bimodal is implemented. There are let's say different elements that make a bimodal environment successful. One is of course he reliability of this technologies, second is the governance so you have to allow the people to work in a certain way to explore new ways of doing. And what I see is that most of the time companies prefer to create a whole new unit that is charged to explore the digital opportunities rather than adopting the bimodal approach. So what I see in companies it's more like "let's create a completely new team" that looks out digital and that allows IT to work how they are used to do.*

I: *That's right. I also think that the human factor is very important.*

B: *Absolutely, yes absolutely.*

I: *When you think of let's say a development of that concept bimodal IT. Where do you does it have Chances or risks to develop and when you think about the bimodal IT in 5 or 10 years, do you think that this concept will still be relevant or is this concept not made for the long-term run?*

B: *Well, I think it is going to be the way that IT organizations will work. Business is changing all the time, so it's not only about the technology if you look at the organizations that always have to adopt market changes and challenges. The influence that technology is having on our society the way the live the way we work and everything we do is actually shaped by technology. And companies will find a way to adapt these circumstances and bimodal IT Is one of the ways to do so. Some companies which will not be able to adapt, will die. [...]*

I: *Do you think it is a risk, or even maybe a weakness, that you could have barriers. Especially when I think about all the older employees who are unable to change their mind towards bimodal IT. [...]*

B: *Yes, absolutely, change is always something that people tend to refuse so it's always challenging when you ask a person to do something in a different way. But in an organization, you also have younger employees that are like more in an agile way and are used to be more agile. So with the change of the employees age, this will change as well.*

I: *So changes are always hard but they are important to stay alive.*

B: *Well, yes, you have to ask yourself what are the benefits of the change and how is it important for the business and for the people that work there. Explain that it is not a negative thing to do but something that brings value.*

I: *Let's come to the 9th question. What do you think are success factors or conditions, which are necessary of implementing a bimodal IT?*

B: *Well I think the key requirement is a reason of having to change. So businesses need to have that reason. Because otherwise when it is a change that starts without having a business outcome it will be just a nice project of doing things a bit differently and it won't be making any impact on the business. When it has to be directly linked to what is the corporate strategy of evolution of the company and being sponsored by the CEO the COO and CFO.*

I: *People have to be ready to accept that change.*

B: *Yes, sponsored by the highest level of management.*

I: *Of course it is very important that they are sponsored by the top. But it is also necessary that the IT employees are in line with those decisions from the top.*

B: *Absolutely, yes.*

I: *Okay, I think the last question doesn't really fit. So I would say, thank you very much for that interview! Bye!*

Transkript des Interviews

ID: 4

Interviewpartner: XXXX XXXX

Unternehmen: YYYY YYYY

Position: Manager Enterprise Presales north

Datum des Interviews: 26.01.2017 (48 min)

Abkürzung: Befragte Person (B: XXXX XXXX), Interviewende Person (I: Alexander Pilipas)

I: *Ja im Allgemeinen behandle ich die digitale Transformation in Organisationen und im Schwerpunkt behandle ich die bimodale IT, wobei ich dann auf Stärken und Schwächen sowie Chancen und Risiken eingehen möchte, weil ich herausgefunden habe, dass das Thema sehr kontrovers diskutiert wird und da dachte ich es wäre ganz gut mal die bimodale IT unter die Lupe zu nehmen.*

Ja, können Sie sich bitte vorstellen und auch auf das Unternehmen eingehen für das Sie arbeiten?

B: *Ja gerne. Mein Name ist XXXX XXXX und ich bin hier bei YYYY YYYY für das Presales verantwortlich im Norden, also ich bin Presales Manager und habe ein Team von guten 25 Leuten. Wir verkaufen die Bimodalität, das ist eines unserer Geschäftsziele und wir wenden Sie natürlich auch* *selbst an im eigenen Hause und dann kann man auch ganz interessant sehen, was geht eigentlich was ist schnell umsetzbar und was sind eigentlich auch nur Verkaufsansätze, sodass ich das mit meinem Team gut abbilde. Darf ich kurz fragen, kennen Sie YYYY YYYY? Ich sage nur mal drei Sätze dazu, ich bin mittlerweile 6 Jahre da, mein Grund zu EMC zu gehen war, es gab Storage Hardwarekomponenten, die Cloud sehr begünstigten und damit eine Bimodalität für Unternehmen. Wir haben damals bei der VW ein Biblock (?) eingeführt, das ist quasi ein PC in Großform für Enterprise Unternehmen und auf den Cloud aufgebaut und die Bimodalität gestartet. Die EMC ist ein Verbund von EMC VM Ware die Digitalisierungs company, ein Unternehmen was virtuestream, off-premise cloud verkauft und ein Unternehmen was DevOps Komponenten, Cloud-Foundary, von daher ist das Unternehmen an sich perfekt für die Bimodalität aufgestellt, sowohl sie zu verkaufen, als auch sie anzuwenden, da können wir auch später schön auf die Herausforderungen eingehen und dann sehen was geht eigentlich und was geht eigentlich nicht in der Bimodalität denn der Ansatz, finde ich zu 100%tig richtig, aber es zeigt auch gleich, dass es Stärken und Schwächen gibt.*

I: *Das ist klasse, dann bin ich ja bei Ihnen genau richtig.*

B: *Ja, natürlich! Das würde ich auch sagen, aber ich rede jetzt nicht wissenschaftlich sondern geschäftlich, unser Ziel ist es die bimodale IT zu verkaufen, mit all den Komponenten, die sie hat. […] Ich sage wir möchte es verkaufen, wir möchten es schneller im Markt platzieren als es sich platzieren lässt und wenn man jetzt in diesen Meetups mit den Kunden zusammensitzt, was ich eher aus persönlichem Interesse eigentlich mache, weniger um YYYY YYYY zu präsentieren, dann sieht man eigentlich die Blocker. Warum geht es bei den Kunden eigentlich nicht. Was sind eigentlich die Herausforderungen, wenn ich zwei IT's in meinem Unternehmen habe, was mache ich eigentlich mit meiner SAP Umgebung, wenn ich sie digital und flexibel aufstellen will, nehme ich HANA, kann ich meine alte R3 Umgebung in Microservices aufsplitten. Wie das funktioniert, das kann man sehr gut in diesen Meetups sehen und dann muss ich ja fairerweise sagen, wir machen ja hier ein Unigespräch, da ist ein ganz schöner Gap von Bimodalität verkaufen zu Bimodalität einführen, denn dazwischen ist der menschliche Faktor und der menschliche Faktor ist eben andere Sachen gewohnt und die Flexibilität, da muss man sich eben darauf einlassen, das ist interessant.*

I: *Okay, ja ich danke Ihnen für den wertvollen Tipp, ich werde es mir auf jeden Fall anschauen. […] Ich würde gerne kurz auf den allgemeinen Teil eingehen bevor wir dann zum qualitativen Teil kommen und dann auf die bimodale IT eingehen. Dann ganz Basic, was sind denn ihre Erfahrungen in Bezug auf die digitale Transformation?*

B: *Darf ich nochmal eins früher anfangen, weil die digitale Transformation ist für mich so ein bisschen Henne-Ei-Diskussion, was war zuerst da, ist die digitale Transformation zuerst da oder ist der Markt da, der mich in eine bestimmte Richtung schiebt und ich muss drauf reagieren. Das kann man ja sehen, weil ich war mal auf einem ganz interessanten Kongress, das war eine Molkerei aus der Schweiz, und ich finde dieser Satz der beschreibt die Fragestellung und der beschreibt die Herausforderung, des täglichen Geschäftslebens eigentlich und er sagt, er ist der CIO einer Molkerei und er wird immer darauf achten, dass er als interner die Hände zuerst an seiner Kuh hat, am*

Euter hat, denn das ist klar er will die Milch haben, er will die Milch verarbeiten und so weiter, das muss er sicherstellen, was heißt denn das, wenn man darüber nachdenkt, die ganzen neuen Geschäftsmodelle, die jetzt gerade erfolgreich sind, die sind ja alle von außen gekommen, haben mit technischen Voraussetzungen digitale Transformationslösungen aufgebaut, sprich Uber sprich Netflix. Sprich was gibt es da noch, Airbnb, die kommen alle von außen und machen quasi das Geschäftsmodell was sich irgendwie 200 Jahre entwickelt hat, komplett kaputt. Und das ist ja die Frage, das geht nur, wenn sie die Gesellschaft quasi eine gewisse Form der digitalen Voraussetzungen geschaffen hat, das heißt es muss Internet geben, es muss die Verfügbarkeit geben, es muss die digitalen Geschäftsmodelle bei denen die Firmen dann ansetzen müssen, gegeben sein, Infrastruktur, die Anwendungen und das ist ein wichtiger Punkt. Die Anwendungen sind ja alle nach neuen Kriterien entwickelt worden. Ob es Netflix ist, Amazon, die sind nicht ausgelegt auf starre Anwendungen, die ein, zwei Mal im Jahr upgedatet werden, sondern die machen ja täglich neue Updates mit ihren Programmen oder Anwendungen, stellen täglich Updates ins Feld, ins Internet in den Kundenkanal, um zu gucken, wie läuft es, ist das gut, sollen wir das für alles ausrollen, testen wir das nur ein bisschen, sodass das ja der Treiber ist und deswegen ist die Frage, was ist denn zuerst die digitale Transformation zuerst da gewesen oder durchleben wir gerade eine neue Phase der industriellen Revolution wie es im Maschinenbau wo es vor 150 Jahren passierte, nur auf einem anderen Level. Dass wir sagen, wir haben neue Geschäftsmodelle, die technologischen Voraussetzungen, wenn sie da sind, das ist die digitale Transformation, sind gegeben, dann kann ich schnell mal was machen, kann mich schnell flexibel aufstellen, dass man EMC dann auch versteht, dann gibt es eine Firma wie Pivotel, die schafft die digitalen Strukturen auf der Software Seite, für die Entwickler, dass ich mit Cloud Foundary quasi Software Pushes meinetwegen 20 am Tag machen kann, da ist die ganze Hardware unten drunter nur unwichtiges Zeug, ich programmiere nur noch Software und dann kann ich meine digitalen Geschäftsmodelle, die ich ja dann habe, komplett in den Markt schieben und um jetzt zurück zum Anfang gesprochen, kann versuchen an den Euter der Kuh zu bekommen obwohl die IT selbst da dran sein müsste. Denn die Taxifahrer hätten sich Uber auch nicht gewünscht sondern Uber hat das einfach gemacht. […] Und das ist auch die Herausforderung der sich viele Firmen gegenübersehen, die haben eine traditionell hergebrachte IT, die sich entwickelt hat und jetzt kommt vom Markt, den Kunden Angang neue Trends und darauf muss man ja reagieren. Und meiner Meinung nach hat sich die Bimodalität daraus entwickelt. Früher war alles aus der grünen Wiese, früher wurde immer grüne Wiese gemacht, das war easy. So jetzt laufen die Firmeninhaber und machen 90% ihres Umsatzes mit ihrer IT, die sie haben und Sie müssen trotzdem in neue Bereiche investieren und deshalb entwickelt sich in meinen Augen die Bimodalität. […]

I: Okay, ich würde direkt zur nächsten Fragen übergehen, weil es etwas damit zu tun hat, was Sie gerade erzählt haben. Wenn Sie die digitale Transformation, ich sage mal erläutern müssten oder definieren müssten. Wie würden Sie das tun?

B: *Gut, das hat was mit Bimodalität zu tun würde ich sagen, Bimodalität auf der einen Seite die technologischen Voraussetzungen schaffen muss, damit die digitale Transformation umgesetzt werden kann, das ist natürlich in den Infrastrukturen, die ich schon hergenommen habe und das sind natürlich die Anwendungen, die oben drauflaufen. Das haben wir ja gerade gesagt, und natürlich ist dann, die zweite Variante und deshalb bimodal, wie verwerte ich das dann eigentlich, also wenn ich ein traditionelles Bildnis habe, vielleicht brauche ich das dann gar nicht, aber wenn ich ein starkes Kundengeschäft habe wo Kunden heutzutage auch abwandern, wo Kunden auch adressiert werden wollen, dann muss ich eben auch gucken, passt mein Geschäftsmodell, das ich habe zu der digitalen Transformation in meinem Haus. Also wenn ich in den Markt gehe, Richtung Kunden, Richtung Internet, dann muss ich natürlich berücksichtigen, meine Wertschöpfungskette verändert sich, Uber ohne digitale Transformation gibt's nicht, weil die die Wertschöpfungskette so aufgebaut haben, die gehen auf den Kunden greifen ihn ab und können dadurch ihr Geschäft aufbauen, Uber ohne Technologien unmöglich, denn die Leute oder die Taxifahrer, die freiwillig mit Uber zusammenarbeiten zahlen diesen (?) an Uber, sodass es dann ganz klar ist. Ich brauche die digitale Voraussetzung und die Verwertungspozentiale und das sind Geschäftsmodelle und die Wertschöpfungskette. Und das muss ich mir für mein Unternehmen auch überlegen, ich muss nicht Bimodalität um jeden Preis, das würde ich auch sagen, das ist eine wichtige Fragestellung, einfach nur weil es jetzt „Hip" ist macht es jetzt auch keinen Sinn.*

I: *Viele sind sowieso der Meinung, dass diese bimodale IT eher eine mittelfristige Lösung ist. Sehen Sie oder hören Sie das auch öfters? Also mittelfristig ist die bimodale IT wertvoll, aber langfristig muss sich die gesamte IT mehr zu Flexibilität und Agilität erweitern.*

B: *Ja, würde ich zu 100% so sagen, aber wie das mit mittelfristigen Aktionen so ist, es gibt ja selbst Dinge, die vor meiner IT Zeit da waren. Das ist der Host. Das ist der Mainframe, den Mainframe gibt es nach wie vor in Unternehmen noch. Und wenn man jetzt zum Beispiel bei den Automobilisten im Osten, bei Wolfsburg ist und mit den Leuten in der IT redet, und sie sind für die Mainframes verantwortlich, dann sagen die „Was glaubst du wie viele Applikationen auf den Mainframe laufen mein lieber Freund?" Er sagte es sind mindestens noch 50%. Also der Mainframe ist nach wie vor da, dann haben wir noch die traditionelle IT und es entwickelt sich noch die Bimodalität, um die Kundenanforderungen besser befriedigen zu können. Das ist die heutige IT, das sind die Fragestellungen und die Dinge die man heute recherchieren muss. Interessant und herausfordernd würde ich sage.*

I: *Ich würde jetzt zum Abschluss auf die digitale Technologien eingehen, als was würden Sie sagen sind besonders relevante Konzepte und Technologien, wenn man über digitale Transformation spricht.*

B: *Darf ich noch einmal zurückspringen, denn eine Sache ist noch wichtig zu erwähnen im Rahmen einer Digitalen Transformation, das habe ich auch gemerkt, als ich noch bei VW gearbeitet habe. Das sind, die Menschen. Denn wir haben damals in Anführungsstrichen nur Technologie eingeführt und geguckt ist die sicher, verlässlich und kann es die Aufgabe der IT erfüllen, aber wir haben viel* *zu wenig das Change Management beachtet. Und für ein solches Projekt, das geht auch für Bimo-dalität, das geht für alle, ist immer der Change Management Faktor, der Mensch, der im Mittel-punkt des ganzen steht, wichtig. Warum? Weil die herkömmlichen Konzepte sind ja in der Regel Siloarchitekturen, wenn Sie heute in die IT gehen eines Unternehmens, dann sind die nach Storage, Netzwerken und Computern aufgebaut, das sind alles eigenverantwortlich Leute, die daraus ein großes ganzes basteln mit ihren Verantwortlichkeiten, jetzt kommt die Bimodalität und die flexiblen Geschäftsmodelle und die setzen voraus, dass das ganze automatisiert ist als IT-as-a-Service min-destens, wenn es nicht als Platfrom-as-a-Service zur Verfügung gestellt wird und das soll dann lau-fen und ich habe die ganzen Hierarchien zwischendrin. Wenn ich das nicht mitbetrachte in so einem Projekt, dann ist das Ding gleich tot. Das wird so oft unter den Tisch fallen gelassen und das ist, finde ich, nochmal ein so sehr wichtiger Aspekt. Change Management würde ich unterstreichen, das macht mindestens 50% des Gesamterfolgs aus. [...]*

Was ich als zweitwichtigsten Faktor heutzutage betrachte ist, ich baue ja die Bimodalität auf und die wird ja häufig als eine neue Plattform aufgebaut, ob es im einen Haus betrieben wird, on-premise oder off-premise, die wird ja neu aufgebaut und ich erzeuge ja mit dieser Plattform Daten und ich muss diese Daten mit einer existierenden Plattform zusammenbringen, damit ich diese Da-ten auch verwendenen kann, auswerten kann und den Vorteil auch daraus ziehen kann, den ich mir ja auch Wünsche, um meine Entscheidungsfindung zu verbessern und von daher würde ich sagen, ist es das zweite große Thema, wie gehe ich mit den Daten um, Schlagwort wäre hier viel-leicht Big Data, wie kann ich sie vernünftig verarbeiten, ist meine Landschaft schnell genug. Was auch mehr und mehr entsteht ist IoT. Zwei Dinge halte ich auch noch für wichtig: Wir haben ja beide Säulen der Bimodalität, einmal die herkömmliche IT, die muss ich natürlich automatisieren über die Zeit, nicht alle Firmen sind ja gleich automatisiert und Automatisierung, was meine ich damit? Ich muss ja IT zumindestens as a Service darstellen können, das können nicht alle oder ich muss, wenn ich einen agile Softwareentwickler habe, der sagt ich muss zumindest Platform-as-a-Service haben, ich will bestimmt Programmierumgebungen haben, die man einfach hin und her-schieben kann und ich will sofort loslegen. Also das ist ja die Herausforderung, die ich habe und um diese flexible IT zu ermöglichen muss ich den Programmierer ja eine Umgebung zur Verfügung stellen, die mindestens Plattform-as-a-Service ist. [...]

I: *Ich denke auch, dass das Stichwort Automatisierung und auch Machine Learning und AI sehr wichtig sind.*

B: *Ja denke ich auch, aber man muss natürlich aufpassen, denn wir sind ja hier unterwegs, von der Erfindung bis zu Vision und das ist natürlich auch die Herausforderung. Die Bandbreite ist dermaßen riesig, dass ich die nicht abdecken kann und da muss man auch irgendwo den Fokus halten.*

I: *Okay, dann würde ich sagen, steigen wir in die Fragen der bimodalen IT ein. Und zwar, interes-siert mich natürlich, was Sie für Erfahrungen mit der bimodale IT gemacht haben.*

B: *Ja, ich überlege gerade. Bimodalität, warum mache ich das, ich will nah am Kunden dranbleiben, ich will schnell reagieren und meine eigene IT ist mir nicht schnell genug und ich möchte die Softwareentwicklung vorantreiben. Positive Erfahrungen gibt es natürlich und es gibt auch Beispiele. Der Automobil XXXX im Osten VW, die haben ein Data Lab als ein Entwicklungslab erstellt zusammen, da war ich involviert, sie wurden präsent am Markt wieder, sie konnten schneller auf Entwicklungsprojekte reagieren und haben, da wirklich ein Geschwindigkeitsvorteil erzielt. Die Herausforderung ist natürlich, das haben Sie abseits der eigenen IT gemacht, die eigene IT war ganz einfach durch die Größe der IT bei VW nicht in der Lage dieses Development Lab so schnell mit Hardware mit Infrastruktur zu versorgen. Das heißt sie haben eine Konkurrenzsituation geschaffen. Diese Konkurrenz im eigenen Unternehmen muss ich von Anfang an steuern! Das ist schon nicht ohne. Ich glaube die Two-Speed-IT ist unabdingbar, wenn ich im direkten Kundenkontakt bin.*

I: *Welche Stärken und Schwächen sehen Sie bei der bimodalen IT? […]*

B: *Gut fangen wir mal bei den Stärken an. Ich kann mich gegen den Wettbewerb am Markt besser behaupten, also ich kann den Kunden im Fokus haben und dann alle Möglichkeiten für mein Geschäftsmodell auf den Kunden ausrichten. Eine ganz klare Stärke ist auch, dass ich flexibler auf Dinge reagieren kann, wenn ich sie vernünftig aufgebaut habe. Eine weitere Stärke ist auch, wenn ich das Konzept verfolge, dass ich auch gleichzeitig Kosten insofern sparen kann und die gleich wieder investieren kann. Ich automatisiere meine herkömmliche IT und durch die Automatisierung, muss ich natürlich meine Mitarbeiter weiterbilden. Ich kann durch die Automatisierung auch Kosten senken, diese Einsparungen, die ich gemacht habe, kann ich wiederum investieren. Das ist ja auch der Trend heutzutage, dass die IT Kosten einsparen müssen und dennoch investieren wollen. Also das ist dann eine Stärke der bimodalen IT.*

Eine Schwäche fällt mir ein natürlich die Komplexität steigt, d.h. im muss die richtigen Leute an Bord haben. Mit einer Mannschaft, die das ablehnt, das wird nichts. […]

Ja, also, das ist ein Risiko. Wenn ich meine IT nicht als Gesamtheit sehe und sage, wir müssen uns alle wandeln durch die Automatisierung. Das Risiko ist also ganz klar, dass die Leute sich da nicht abgeholt fühlen und versuchen ihr eigenes Ding zu machen. Das sehe ich auch täglich bei Projekte, bei Kunden in denen ich bin. […]

I: *Würden Sie sagen als Chance, dass sich die bimodale IT auch weiterentwickeln kann und wandeln kann.*

B: *Ja muss. Weil ohne wird sich nichts, die Geschäftsmodelle, die kommen, die interessiert sich nicht für die Legacy IT. Der nächste Trend, der jetzt kommen wird ist auch Blockchain, und das wird auch die Banken extrem gefährden.*

I: *Okay, wenn man eine bimodale IT implementieren möchte, was ist wichtig, was muss man beachten?*

B: *Ich würde sagen, erstmal muss man natürlich die Analyse betreiben macht das denn überhaupt Sinn? Jetzt gehe ich mal davon aus, es macht Sinn, ich brauche das Geschäftsmodell Richtung Kunde, und möchte flexibel sein, dann fange ich mit den 51% an. Habe ich die richtigen Leute dafür? Habe ich die Leute, die das verstehen? Habe ich die Leute, die auch technologisch in Konzepten denken können und Konzepte verbinden. Wenn ich die habe muss ich die richtigen Technologien „emplacen", das heißt meine alte IT muss ich soweit wie möglich automatisieren, damit die Kosten der Potenziale heben. Wenn ich das dann tue und das gleichzeitig erledige, dann kann ich das gesparte Geld dann wieder investieren. Dann muss ich mir überlegen, will ich es mit meiner eigenen IT machen oder kaufe ich Leistungen hinzu? Das sind so die Voraussetzungen, die ich da schaffen muss.*

I: *Okay, ja bei der Analyse, spielt da die Rolle eines Unternehmens oder IT eine Rolle?*

B: *Ja, das denke ich macht Sinn, eine zu kleine IT macht da keinen Sinn. Ich habe aber das Gefühl, dass wenn sich in der IT eine Schatten-IT bildet, dann macht es auf alle Fälle Sinn da eine bimodale IT aufzubauen, weil muss ich mir überlegen, ich brauche die Automatisierungskonzepte, damit der Kunde nicht außer Haus gehen, das möchte man natürlich gar nicht. Ne ich kann mir auch durchaus vorstellen, Auftreten der Schatten-IT mit einer Kennzahl der sinnvollen Einführung der Bimodalität. […]*

I: *Ja, dann sind wir mit den Fragen, die ich stellen wollte relativ durch vielen Dank! Ich bedanke mich für das Interview.*

Transkript des Interviews

ID: 5

Interviewpartner: XXXX XXXX

Unternehmen: YYYY YYYY GmbH

Position: Advisory Systems Engineer

Datum des Interviews: 30.01.2017 (26 min)

Abkürzung: Befragte Person (B: XXXX XXXX), Interviewende Person (I: Alexander Pilipas)

I: *Gut, ja Herr XXXX XXXX stellen Sie sich kurz vor, gehen Sie auch auf das Unternehmen kurz ein in dem Sie arbeiten und gehen sie auch auf die Position ein, die sie in diesem Unternehmen besetzen.*

B: *Ja, mein Name ist XXXX XXXX und ich berate seit fast 20 Jahren Kunden im Großkundenbereich. In meiner jetzigen Rolle, die sich "Advisory Systems Engineer" schimpft bei YYYY YYYY, helfe ich Kunden dabei den größten Benefit aus ihren Daten zu erzielen und diese Informationen, die die*

Kunden erzeugen zu verarbeiten und zu schützen. Das habe ich zunächst bei EMC getan und im letzten Oktober sind Dell und EMC zusammengekommen und dadurch ist quasi Dell der größte private IT Anbieter der Welt geworden und damit sind wir jetzt in der Lage wirklich Endlösungen dem Kunden anzubieten. Also von Notebooks über IoT-Devices bis zu Enterprise Strukturen und Servern. Es gibt natürlich auch Service und Software, die das ganze abholen wird, und YYYY YYYY ist jetzt quasi an dem Markt mit 7 verschiedenen Marken auch aktiv. Also vom Endbenutzer, der Dell kennt, bis zu Spezialanbietern, die dann nur in der IT bekannt sind.

I: *Ok, ja herzlichen Dank. Dann würde ich sagen wir steigen jetzt direkt ein in das Inhaltliche. Ich habe das Interview in zwei Teile gegliedert. Zunächst ein allgemeiner Teil, bei dem es um die Digitale Transformation an sich geht. Also es ist ein bisschen ein Überblickkapitel, das werde ich auch in der Arbeit so haben. Und dann ein qualitativer Teil, wo ich auf die bimodale IT-Architektur eingehe. Ja, zum allgemeinen Teil. Die digitale Transformation ist sicherlich bei jedem angekommen, sicherlich in der Praxis aber auch in der Wissenschaft. Was sind denn Ihre Erfahrungen in Bezug auf die digitale Transformation. Wirklich so ganz frei. Was haben Sie für Erfahrungen gemacht, positive und negative, vielleicht auch in Bezug auf Kundengespräche und ähnliches.*

B: *Gut, dann fange ich erstmal mit den negativen Implikationen an, die hier auch vorhanden sind. Meiner Einschätzung nach, gehen viele Arbeitsstellen durch die Digitalisierung im ersten Schritt verloren. Das war damals bei der Einführung der IT-gestützten Telefonie so, bei dem Umstieg von Kutsche auf Auto. Und die Menschen haben im ersten Schritt immer diese Änderungen abgelehnt. Also der Mensch begibt sich lieber in einen bekannten als in einen unbekannten Raum. Das war ich glaube evolutionsbedingt auch schlau, wo man noch Jäger und Sammler war. Nur in den letzten 100 Jahren ist der technologische Fortschritt so groß geworden, dass es dem Steinzeitgehirn schwer fällt sich anzupassen. Wenn wir den Menschen noch einige Jahre geben, dann sind wir in dem Punkt auch schneller. Der klare Vorteil den ich hingegen sehe, ist natürlich die Steigung der Lebensqualität der Gesellschaft im Gesamten, nicht des Einzelnen. Das heißt, ich kriege billigere Waren, ich kann besser vergleichen, ich kriege eine bessere Gesundheitsversorgung, weil ich auch Onlinedienste nutzen kann und nicht bei allem zum Arzt rennen muss. Ich kriege optimaler Weise auch einen günstigeren Straßenverkehr als Beispiel und die Digitalisierung bringt Menschen natürlich auch schnell zusammen. Wenn man heute sich anschaut wie schnell man miteinander kommunizieren kann, von jedem Fleck der Erde, dann ist das schon sehr positiv.*

I: *Das finde ich ganz interessant, dass Sie mit den negativen Aspekten angefangen haben. Die meisten fangen doch mit den positiven Dingen an. Das finde ich aber interessant. Ich stimme Ihnen dahingegen zu, dass auf jeden Fall Arbeitsplätze verloren gehen, aber glauben Sie nicht auch, dass man an irgendeiner anderen Stelle durch die Digitalisierung auch wieder neue Arbeitsplätze bekommt. Vielleicht nicht 1:1 dieselben, aber man hat natürlich auch neue Arbeitsmöglichkeiten wenn man an so digitale Geschäftsmodelle denkt wie AirBnB. Dass man quasi an einer anderen Stelle auch neue Arbeitsplätze bekommt.*

B: *Natürlich, natürlich schaffe ich auch neue Arbeitsplätze. Wir werden sehr viele neue hochwertige Arbeitsplätze brauchen. Das merkt man auch in der Programmierszene, dass dort händeringend Leute gesucht werden. Da ist das Schulsystem darauf noch gar nicht ausgelegt, dass da Menschen gebraucht werden. Also ich habe erst dieses Wochenende mit Abiturienten gesprochen, die haben nicht mal Informatik. Die haben auch nicht mal den Einblick, dass da was kommen könnte. Ich glaube am Ende, dass nicht die Anzahl der Arbeitsplätze erschaffen werden, die dadurch vernichtet werden. Das war aber auch schon immer so. Die Menschen mussten sich schon immer neue Wege suchen, wie man dann darauf reagieren kann.*

I: *Okay, gut, dann gehe ich weiter zur nächsten Frage. Was bedeutet denn jetzt der Ausdruck "digitale Transformation" für Sie persönlich, also jetzt nicht unbedingt Digitalisierung sondern digitale Transformation, also wenn sie diese Transformation sich überlegen, als Begriff jetzt bezogen auf ein Unternehmen, das sich wandeln muss, dass sich transformiert. Was bedeutet dann digitale Transformation für ein Unternehmen?*

B: *Gut, also digitale Transformation bedeutet erstmal grundsätzlich, dass ich alle Aufgaben und Dinge, die ich habe, die digitalisiert werden können, die werden auch digitalisiert. Das kann jetzt der Einzelne ablehnen oder nicht, das, diese technologische Transformation, war quasi schon in der Vergangenheit immer vor politischen, sozialen und geschäftlichen Veränderungen immer davor. Also erst kam die technische Transformation und dann nun die politischen, sozialen Veränderungen nachgezogen. Das ist nix weiter schlimmes, dieses Wort Transformation ist natürlich schon ein bisschen abgegriffen, aber das ist nix Neues. Nur, dass hier nun vielleicht digital vorsteht und vorher stand da halt industriell davor. Und es geht vielleicht etwas schneller, damals in Berlin die Straßenbahn eingeführt wurde, gab es auch sehr viele Fälle von Burnout, hieß nur ein bisschen anders, weil die Geschwindigkeit dieser Straßenbahn den Menschen auch Sorge machte. Da hatte man auch diese Straßenbahn in Berlin so eingerichtet wie ein Wohnzimmer, man hatte Gardinen damit man nicht rausgucken kann, damit man nicht bei den 30 km/h zu sehr verstört wurde. Also diese Transformation kennt der Mensch, vielleicht nicht so ganz dokumentiert wie die digitale Transformation.*

I: *Okay, wenn Sie sich jetzt die digitale Transformation hernehmen und sich überlegen welche Konzepte und Technologien drum herum schwirren um dieses Buzzword oder um diesen Begriff. Welche Technologie/Konzepte sind denn für Sie besonders relevant in Bezug auf die digitale Transformation.*

B: *Also ich würde jetzt nicht irgendeinen Begriff nehmen, sondern meiner Einschätzung nach ist es so, dass die bimodale IT, also die IT der zwei Geschwindigkeiten, der größte Impulsgeber ist. Man muss das Alte noch bewahren und gleichzeitig ist der Druck auf das Unternehmen so groß, dass neue IT Technologien wie hyperkonvergierende Systeme und Source-Plattformen den richtigen Raum brauchen. Das heißt, das sind wirklich zwei Welten, die miteinander konkurrieren. Ich kann jetzt nicht sagen, ich muss das eine oder das andere machen. Ich muss tatsächlich beides machen. Das fällt natürlich Kunden sehr schwer. In gewachsenen Strukturen zwei komplett unterschiedliche*

Ansätze zu fahren. Also diese bimodale IT, die rührt die Unternehmen schon groß auf. Ich sehe das jeden Tag bei Großkonzernen, die das nicht im Unternehmen machen, sondern separate GmbHs bilden. Wenn man das in der Konzernstruktur macht, dann kann man nicht mal einen Schreibtisch bestellen, weil das nicht im Portfolio ist.

I: *Ja das ist interessant und dann im Rahmen dieser Bimodalität sind ja sicherlich dann, oder müssen auf jeden Fall solche Dinge wie Big Data oder Business Analytics/Intelligence, Cloud Computing, das sind wahrscheinlich dann so die Themen, die dann behandelt werden.*

B: *Das sind die nachfolgenden Themen. Also Big Data ist an sich ja nichts neues, große Datenmengen hatte man schon immer, heute ist man in der Lage diese überhaupt zu verarbeiten. Viele Kunden haben immer alle Daten gespeichert, aber sie hatten keine Variante diese auszuwerten, das ist nix neues. Cloud Computing ist quasi eine neue Form des Outsourcings auch nichts neues, es ist sehr gut verpackt, funktioniert jetzt auch. Wenn ich DevOps habe, ja das ist mal was neues, die haben früher Software anders programmiert, vieles was man mal gebraucht hat und nicht mehr braucht wurde weggeschmissen, heute ist das mit einander und für einander, das ist schon gut gemacht, ja.*

I: *Gut, ja dann würde ich sagen wir schließen den allgemeinen Teil ab, da haben wir jetzt schon relativ viel gesammelt. Da kommen wir doch jetzt direkt zur bimodalen IT-Architektur. Es ist Ihnen sicherlich auch bekannt, dass es sehr kontrovers diskutiert wird und man sowohl Befürworter als auch Gegner hat. Ja also der Ansatz ist Ihnen bekannt. Welche Erfahrungen haben sie denn mit der bimodalen IT-Architektur. Also auch hier eine allgemeine Frage zum Einstieg, da können Sie sich ein bisschen entfalten wenn Sie möchten.*

B: *Ja, also der Ansatz ist mir schon bekannt. Seit 2014 läuft YYYY mit ihrer bimodalen IT durch die Weltgeschichte. Dieser Ansatz hilft schon dem Kunden Neues zu entwickeln, ohne das Alte zu vernachlässigen, was wir eben auch schon hatten. Was ich sehe ist natürlich, man hat einen erhöhten Kommunikationsaufwand zwischen den Bereichen oder man hat tatsächlich eine Mauer zwischen den Bereichen und das Ansehen in diesen Bereichen ist natürlich auch unterschiedlich. Also die, die agile Softwareprogrammierung machen sind natürlich ein bisschen frecher und vielleicht auch besser angesehen als die Leute die ein SAP System betreiben und klassische Cobolt Programmierung auf dem Mainframe. Ich habe mir nur überlegt, was wäre denn eine andere Lösung, ich könnte ja nicht das alte einfach abschaffen und nur das neue machen, das können sich ja nur Unternehmen erlauben, die ganz neu auf der grünen Wiese aufsetzen. Startups können das, nur bestehende Unternehmen können ja nicht ihr Kerngebiet abschneiden, sondern müssen einen zweiten Weg finden. Darum ist das der einzige der funktioniert, deshalb muss man einen Weg der zwei Geschwindigkeiten gehen oder von mir aus auch drei und die Unternehmen haben dadurch separate Innovationshubs gebildet und produzieren halt Software und Hardware für den Markt der Zukunft. Ein Beispiel hierfür: Die BMW-i Serie wäre nie auf den Markt gekommen, wenn sie das in den Konzernstrukturen abbilden müssten. Sie mussten eine separate Firma gründen und der die Freiheit geben, zu sagen, entwickelt mal. Das haben halt viele Unternehmen aber auch. [...]*

I: Ja, ich habe das in der Tat schon öfter gehört, dass viele Interviewpartner nicht unbedingt auf dieses Two-Speed eingehen, sondern die sprechen dann von multimodal oder von einer Matrixorganisation. Also ich habe schon das Gefühl, man macht schon in gewissermaßen Bimodalität, bloß dass man nicht zwei IT-Architekturen hat sondern man hat mehrere digital Hubs, mehrere Teams, die dann flexibler und agiler arbeiten. Man hat aber immer noch die alte bestehende Legacy IT, die nach wie vor robust ist und funktioniert.

B: Genau, die Legacy IT, die wird auch bestehen bleiben, weil man für Finanztransaktionen einfach hochsichere, durchgetestete Systeme braucht, da kann die agile Umgebung nicht hierfür genommen werden. Da gibt es oft noch nicht mal ein Ausfallkonzept. Das heißt, das muss alles Software abfangen, das kann man da nicht brauchen. Oder bei der Flugsicherung, brauche ich keine Agilität, da brauche ich Sicherheit. Das ist der eine Part, der andere Part ist natürlich, wie komme ich an neue Märkte und das können natürlich Start Ups in USA wesentlich besser. Ich war schon auf verschiedenen digital Hubs von Unternehmen in Deutschland. Die probieren das halt auch. Wenn ich mir so ein digital Hub von der VW in Berlin anschaue, da arbeiten auch 50 Programmierer in ihrem eigenen Coderaum und dürfen mal ausprobieren. Da ist bis jetzt natürlich noch wenig am Markt davon angekommen, weil der Gesamtkonzern natürlich auch einsehen muss. So das geben wir jetzt nach draußen, an den Markt, da sind deutsche Unternehmen vielleicht noch ein bisschen langsamer.

I: Okay, gut dann würde ich ganz gerne auf die Stärken und Schwächen der bimodalen IT eingehen. Vielleicht schon so im Voraus, ich würde auch gerne danach noch auf die Chancen und Risiken eingehen. Die Differenzierung ist: Stärken und Schwächen sehe ich so , dass ich sozusagen das Konzept von innen mir anschaue, also ohne das Umfeld, ohne Umwelteinflüsse, wo ich nur die bimodale IT als Konzept betrachte. Und dann von innen mir überlege was sind Stärken und Schwächen die bereits vorhanden sind. Und bei Chancen und Risiken schaue ich mir nochmal das Konzept an aber aus einer etwas erhöhten Sicht sozusagen wo ich noch die Umwelt miteinfließen lasse, Umweltfaktoren und auch sozusagen die zeitliche Entwicklung. Wie könnte sich die bimodale IT auch entwickeln. Ich würde gerne von Ihnen wissen, was sind denn so die Stärken und Schwächen der bimodalen IT?

B: Da ich vorhin mit den negativen Implikationen angefangen habe, fange ich jetzt mit den Stärken an. Stärken sehe ich für das Unternehmen von innen, es geht rasend schnell. Man kriegt eine rasend schnelle Programmierung hin, selbst von einer Woche, wenn es funktioniert behält man es ansonsten schmeißt man es weg, das ist super innovativ, das ist ein neuer Ansatz der so noch nicht bekannt ist, das ist motivierend für den Mitarbeiter. Er kann sehr häufig an neuen Projekten mitarbeiten, die Projektgruppen werden häufig geändert. Man kann bei Kollegen über die Schulter schauen, mitlernen. Natürlich kein Vorteil ohne einen Nachteil! Schwäche sehe ich, die Ergebnisse die ich haben möchte sind beim Start nicht definierbar, das heißt ich weiß nicht 100%tig was hinten raus kommt, das ist natürlich für die Planung von Business Cases nicht ganz so einfach. Das heißt ich fange erstmal an ohne zielen zu können. Dadurch habe ich natürlich auch erhöhte Abstimmungsbedarfe mit andern Unternehmensbereichen wie Marketing oder die Unternehmensleitung, die das

Geld haben. Jetzt geht es um Chancen und Risiken, ich fange mal mit der Chance an. Das ist quasi die Chance für das Unternehmen die Wettbewerbsfähigkeit zu sichern, ganz wesentlich, und optimaler Weise auch zu steigern. Aber der erste Punkt ist wichtiger, weil wenn wir das nicht machen, dann werden uns unbekannte Anbieter überlaufen. Also wenn ich mir vorstelle, dass eine Amazon einen Paketdienst in Deutschland etabliert, da mache ich mir schon Sorgen um deutsche Unternehmen, die das Gleiche tun. Und, Risiken, klar, habe ich gerade schon erwähnt, kann zu höheren Kosten führen, weil ich muss erstmal was tun was ich noch nie getan habe, und das ist absolutes Neuland mit unbekannten Gefahren. DAs heißt ich habe es noch nie gemacht, ich weiß nicht wo ich die Leute herkriegen soll, ich muss die Leute schulen und ausbilden. Das ist das was mir unter Risiken einfällt.

I: *Ja, das würde ich auch so sehen, der Humanfaktor ist mitunter die wichtigste Sache, die man bei der Einführung der bimodalen IT beachten muss.*

B: *Die Technik ist es definitiv, die ist bekannt, vielleicht läuft sie zu Beginn noch nicht 100%tig stabil, aber der Mensch muss mitmachen und er neigt zu einem beliebten Beharrungszustand, was auch grundsätzlich gut ist was nämlich energiesparend ist*

I: *Naja, klar, Sie haben vorhin als Schwäche genannt, dass man die Business Cases nicht so gut planen kann. Aber ist es nicht so, dass wenn man zum Beispiel agil programmiert, Scrum oder ähnliches. Ich meine, da gibt es doch immer einen Product Owner, einen Product Log In, wo man schon ungefähr weiß, wie das Produkt am Ende aussehen soll und man hat ja letztendlich immer das Feedback vom Kunden. Oder haben Sie das jetzt ein bisschen anders gemeint?*

B: *Ja das habe ich schon, wenn ich mir klassische Programmierung ansehe, da habe ich mir ein Pflichtenheft gebaut, da habe ich mir ein Bild gemalt, wie das Ganze aussehen soll. Da war jeder Knopf definiert. Das habe ich natürlich bei der agilen Programmierung nicht, da kommt nicht das raus, was ich mir gedacht habe, wahrscheinlich kommt da etwas besseres raus. Das ist immer ein Prozess, das heißt ich kann es nicht einen Auftrag geben und kriege nach einem Jahr ein Ergebnis. Sondern man ist immer mit in dem Team drin. Ich muss immer gucken, passt der Knopf noch, ist das die Leiste, die ich haben will. Das heißt ich habe einen Abstimmungsbedarf und kann mich nicht einfach zurücklehnen und sagen, das wird schon. Meiner Ansicht nach ist das nicht eine Aufgabe die in der IT gelöst werden muss, oder im Marketing, sondern das ist ein Kultur-Change im Gesamtunternehmen und die IT hilft halt nur ein bisschen.*

I: *Okay, wir kommen ganz gut voran, also Sie beantworten die Fragen immer sehr präzise und sehr gut.*

B: *Ich habe mir die Fragen vorher angeguckt und habe mir ein paar Stichpunkte gemacht.*

I: *Ah, ja das ist sehr gut, weil es gibt manche Interviewpartner die schweifen so ewig lange aus, dann ist es keine halbe Stunde mehr sondern länger. Ich freue mich da zwar auch, aber, die anderen sind meistens nicht so präzise. Das erleichtert mir später auf jeden Fall das transkribieren. Dann kommen wir weiter zu den Rahmenbedingungen, das ist glaube ich nochmal so ein Themenblock,* das kann man nicht einfach so beantworten. Da gibt es so viele Voraussetzungen, Schlüsselfaktoren, andere Einflüsse, aber trotzdem ist es irgendwie interessant. Also mich würde interessieren, welche Rahmenbedingungen notwendig sind, damit so eine bimodale IT-Architektur erfolgreich implementiert werden kann.

B: Also ich muss natürlich sagen, dass ich selber noch nie eine bimodale IT-Architektur implementiert und selbst aufgebaut habe. Ich kann das nur als Berater begründet sagen, wie wir das bei unseren Kunden sehen und was meiner Einschätzung nach, da wesentlich ist. Also, da gibt es natürlich sehr sehr viele Punkte, es muss auch immer zum Unternehmen passen. Also drei Punkte habe ich so herausgefunden, die beim Kunden immer der Punkt ist. Also das was wir auch eben schon hatten: Wir brauchen ein Management, das zwischen den zwei Welten orchestriert. Zwischen alter Welt und neuer Welt, man muss ein vernünftiges Wende- und Technologiemanagement haben. Da habe ich sehr viele neue Anbieter, die noch gar nicht mit einem Unternehmen zusammengearbeitet haben, die muss ich alle managen, ich muss entscheiden welche Technologiewege ich gehe, damit ich nicht eine Sackgasse gerate, ich muss gucken ob ich das jetzt alles Open Source mache, oder ob ich vielleicht doch professionelle Hilfe brauche. Also das sind alles Entscheidungen, die ich treffen muss. Dann brauche ich ein Management, das den Entwicklern auch Zeit und Ram gibt. Das heißt ich kann schwer in bestehenden Strukturen das entwickeln, ich brauche auch andere Räume, tatsächlich auch physikalisch andere Räume, da wo ich auch gut entwickeln kann. Das bedeutet auch, dass da ein Vorstand dahinterstehen muss, der sagt das will ich. Und nicht so, ja das ist modern mach das Mal, sondern ich brauche aktiven Vorstandsreport, der sagt das ist eine gute Sache, damit gehen wir nach vorne. Und ich brauche natürlich ein Management, das die neuen Produkte auch an den Endverbraucher verkauft. Das heißt, nicht nur entwickeln, weil das gibt es schon, sondern auch wirklich einen Nutzen für Kunden stiften und das in das normale Portfolio mit einfließen lassen und dafür Geld bekommt. Denn das ist das Ziel des Unternehmens, auch Gewinne zu erwirtschaften und nicht nur lustig rum zu programmieren.

I: Ja, das stimmt, es sind auf jeden Fall sehr sehr gut Punkte finde ich. Okay, ja, also das haben sehr präzise beantwortet. Ich finde wir sind relativ schnell durchgekommen. Ich bedanke mich recht herzlich für die Aussagen, das sind sehr gute Antworten.

Transkript des Interviews

ID: 6

Interviewpartner: Dr. XXXX XXXX

Unternehmen: YYYY YYYY GmbH

Position: Teamleiter Configuration Management

Datum des Interviews: 09.02.2017 (42 min)

Abkürzung: Befragte Person (B: Dr. XXXX XXXX), Interviewende Person (I: Alexander Pilipas)

I: *Die Aufnahme läuft jetzt. Stellen Sie sich kurz vor und gehen Sie auch auf das Unternehmen ein in dem Sie arbeiten.*

B: *Okay, ja XXXX XXXX ist mein Name und ich arbeite in der YYYY YYYY GmbH, ein Unternehmen das Bankensoftware produziert, entwickelt im Sinne des DevOps gemeinsam in mehreren Rechenzentren. Wir sind in Österreich ansässig mit grob unter 1000 Mitarbeitern, jedoch mehr als 700 und ja unternehmenstechnisch kann ich ohnehin nicht zu viele Details geben, das ist im wesentlichen Websiteinhalt. Entscheidend ist vielleicht noch was Unternehmen betrifft, dass wir schon einige Jahrzehnte lang Bankensoftware herstellen, geschichtlich bedingt vorrangig Mainframe Software und natürlich gemäß der Zeit vermehrt Webapplikationen und Mobilapps und dementsprechend der Kontext bimodale bzw. multimodale IT für uns Alltag ist.*

I: *Ja, ich glaube es ist ganz gut, weil Sie kommen mehr aus der technischen Ecke, weil ich habe mehr Interviewpartner aus dem Management oder Consulting Bereich.*

B: *Ja, genau. Zur eigenen Person habe ich noch vergessen, ich bin Teamleiter im Configuration Management. Wenn man jetzt prozesshaft Config. Management kennt, dann kennt man das wahrscheinlich aus ITIL, dort definiert heißt Config. Management in Wahrheit Dokumentation, Modellierung aller Artefakte was das Softwarehaus herstellt oder als Dienstleistungsunternehmen quasi als Artefakte irgendwo führt. Das ist de facto bei uns weniger so, sondern mehr der Focus tatsächlich auf der Software Configuration, das heißt konfigurieren von Parametern oder zumindest die Abwicklung und die Koordination dieser Konfiguration, das heißt wir haben kein fachliches Know-How zu den Parametern, sondern wir stellen die Prozesse und Tools bereit, damit die jeweilige Software für unterschiedliche Mandanten, Banken und Rechenzentren rekonfiguriert und betrieben werden kann. Somit, was die Prozesslandkarte, Wertschöpfungskette angeht, haben wir sehr viel zu tun mit weniger Softwareentwicklung per se, auch nicht zwingend mit dem technischen Betrieb der Software, was Rechenzentrum dann quasi betrifft, sondern genau mit Transition dazwischen, nämlich die Software im Sinne des Releasings in produktiver Umgebung einsetzen und lauffähig machen.*

[...]

I: *Okay, zum Thema Digitale Transformation in Organisationen, da würde ich gerne von Ihnen wissen, was bedeutet Digitale Transformation für Sie persönlich?*

B: *Also unternehmensinterner Ansicht kann ich sowieso nix erzählen, somit ganz allgemein gehalten was im Kontext meiner Arbeit steht. Digitale Transformation heißt für mich grundsätzlich, dass* *technologischer Fortschritt, mehr Automatisierung dort schafft wo Automatisierung möglich ist. Das heißt für mich privat fängt es an bei der Hausautomatisierung, beim Einkauf von Alltagsartikeln, geht dann weiter über das eigene Fahrzeug. Dinge, die Software mittlerweile kann an Bilderkennung, an Abstandsradar, Abstandsmessung, dass das Fahrzeug Dinge übernimmt, dass das so stupide ist, dass das einfach auf der Hand liegt, dass es automatisiert passiert und ich es nicht als Mensch berücksichtigen muss, ganz konkret in der IT verstehe ich drunter, dass man auch in der Softwareentwicklung in der gesamten Wertschöpfungskette von man hat Bedarf irgendwo Business als IT zu lösen oder in der IT zu lösen, von dort beginnend von dieser Erkenntnis weg, bis hin zu Services, um das Business auch mit IT quasi im Alltag operativ einzusetzen oder gelöst zu haben, also bis zu einem operativen Betrieb der IT-Lösung, auch hier wiederum selbes Paradigma, das automatisieren und durch Software ablösen, was irgendwie automatisierbar und für den Menschen vereinfachbar ist.*

I: *Also zusammenfassend kann man sagen, man schafft eine Vereinfachung durch Automatisierung in allen Bereichen des Unternehmens, aber auch im privaten Bereich letztlich.*

B: *Genau, korrekt! Das ist einhergehend mit technischen insbesondere Softwarelösungen.*

I: *Das ist interessant, ich habe es öfters gehört. [...]*

B: *Ja, es ist ein beliebtes Modewort „Digitalisierung", ich sehe es als nichts anderes als die logische Konsequenz von dem was sich industriell und wirtschaftlich sich bisher so entwickelt hat, wenn man da bisschen zurückdenkt, dann keine Ahnung den Ackerbau oder den Gebäudebau, halt früher mehr durch menschliche Hand lösen hat müssen und vermehrt durch Maschinen abgelöst wurde, dann über den Maschinenbau hinaus durch Elektrifizierung auch eben irgendwie, eben motorisiert betriebene Maschinen, vielleicht auch elektrisch betriebene oder davor noch mehr verbrennungstechnisch betrieben. Also jeder technischer Fortschritt löste irgendwo aus, dass jede Tätigkeit die man per Hand ausführen musste, irgendwo vereinfacht wurde. Das ist also nur der nächste logische konsequente Schritt, dass wo man sehr vieles in Software lösen kann und diese Interaktion mit der Realität anhand von Robotertechnik, anhand von vielen Sensoren wiederum auch sehr gut gestalten kann, dass Digitalisierung nur der nächste Schritt der Automatisierung ist, wenn man es jetzt auf die Mensch-Maschine-Interaktion bezieht und bei uns in der Softwareentwicklung, so nach dem Prinzip „eat your own medicine" auch nichts anderes ist, als hier ist es noch einfach und man mit Software an sich kaum physikalische Interaktion benötigt, das Herstellen der Software noch weiter automatisiert.*

I: *Ich sehe auch, dass die Digitalisierung viele positive Aspekte ein, würden Sie sagen es gibt auch Schattenseiten davon? Eine Debatte ist ja, dass durch die Digitalisierung viele Jobs wegfallen. Andererseits werden neue Jobs aufgrund der neuen Geschäftsmodelle geschaffen.*

B: *Grundsätzlich stimmt beides, es werden neue Geschäftsmodelle geschaffen, neue Jobs entstehen dadurch. Das stimmt aber definitiv auch, dass Jobs verschwinden. Oder vielleicht Jobs nicht im Sinne einer Person, sondern einfach Tätigkeiten, die aus dem Arbeitsleben verschwinden. Jetzt ist* es einerseits positiv, dass man sagt, man kann gesamtheitlich mehr bewegen, weil durch erhöhte Automatisierung dann wieder weniger Zeit mit mehr Qualität auch möglich ist. Das ist ein sehr stark überwiegender Vorteil, ein sehr schwerwiegender Nachteil ist, dass Menschen mit gewissen Fähigkeiten den Job verlieren, weil diese Fähigkeiten nicht mehr gefragt sind. Nicht in dem Ausmaß, nicht in der Menge, was aber so ein theoretisches Problem ist, aber für mich nicht deswegen Digitalisierung negativ macht. Sondern viel mehr uns dazu zwingt Lösungen für genau die Situation zu finden. Heißt konkret, dort wo Qualifikation weniger gebraucht wird oder verschwindet, muss man neue Beschäftigungsmodelle finden für die Leute und wenn es letzten Endes auch heißt, dass weil man einfach tatsächlich nicht diese Menge an hochqualifizierten Leuten zusätzlich benötigt, dass man jene Leute nicht in dem sozialen Abgrund verliert.

I: Okay, ich würde jetzt gerne mehr in Richtung Technologien oder Konzepte der digitalen Transformation gehen. Ich denke dabei an Big Data, Cloud Computing, DevOps, Two-Speed IT und ähnliches. Was würden Sie sagen sind für sie die relevantesten?

B: Kerntechnologien, einige der Begriffe sind eh schon gefallen, darüber hinaus IoT, jetzt bin ich mir nicht sicher ist Cloud gefallen? Ja genau, ich würde es dabei näher spezifizieren, SaaS, hm ja, muss kurz überlegen was jetzt schon dabei war.

I: Ja, also Sie würden sagen, es gibt mehrere Technologien, die gleich wichtig sind. Es gibt also nicht eine ausschlaggebende?

B: Ja, definitiv, ja genau, das ist vielleicht noch wichtig, damit einhergehend, da fehlt mir jetzt das Schlagwort dafür, aber die Standardisierung von Softwareentwicklung und bereitgestellten Software-services ist sehr essentiell, also geht ein bisschen einher mit dem Begriff Software-as-a-Service. Wieder was ich vorhin schon meinte wenn man den Blick in die Vergangenheit hat, die Revolutionen oder auch Evolutionen fanden dahingehend statt, dass man irgendwo Standards geschaffen hat. Also industrielle Revolutionen meine ich jetzt. Speziell dann, wenn man den Klassiker hernimmt den Maschinenbau, Oberflächennormierungen, Materialnormierungen all das verschaffen dann die Möglichkeit größeres damit zu bauen aus diesen standardisierten Komponenten und genau das ist jetzt für Digitalisierung essentiell, dass man alles wofür man Softwarelösungen schafft, auch gleichzeitig die Standardisierungswirtschaft, dass man es in unterschiedlichen Kontext auch wiederverwenden kann.

I: Das ist ja auch der Gedanke von SaaS. On-premise wird auch immer seltener im Unternehmen eingesetzt habe ich das Gefühl, oder?

B: Ja und nein. Ja, es wird weniger eingesetzt, aber nein es wird nicht zwingend benötigt, dass alles in der Cloud liegt, wenn ich zumindest die gleichen standardisierten Schnittstellen im eigenen Betrieb verwendet, so wie ich sie auch in einer parallelen Cloudlösung online verwendet. Sofern die Kompatibilität gegeben ist, kann ich dann Services bauen on top. Wenn ich von dem ganzen Softwaremarkt spreche, eine Alternative um mich zumindest nicht den Themen der Security widmen zu

müssen, ob den dort wo ich meine Daten liegen habe, das meinen Securityansprüchen genügt. Son-
dern wenn ich den gleichen Technologiestack verwendee, wie ich sage mal die Online Cloud Lösun-
gen, damit auf diese Standards setzen kann, auf die Community, auf die Erfahrungen setzen kann,
gleichzeitig mit einer selbstbetriebenen Cloud die Security auch voll und ganz in eigener Hand habe.

I: *Okay, damit würde ich sagen schließe ich den allgemeinen Teil über die digitale Transformation*
ab und ich würde jetzt gerne über die bimodale IT reden. Der Ansatz ist Ihnen ja bekannt, welche
Erfahrungen haben Sie grundsätzlich damit gemacht?

B: *Es ist in erster Linie eine menschliche Sache, die technisch zu bewerkstelligen, dass ich jetzt*
Entwicklungsstränge unterschiedlicher Geschwindigkeiten, unterschiedlicher Zyklen habe, darin
sehe ich grundsätzlich Hürden, die man auch überwinden muss, also Probleme die sich ergeben,
technische Herausforderungen, wo man auch Lösungen dafür schaffen muss. Ist aber alles irgendwo
im Bereich des unmittelbar schaffbaren, etwas was man kurzfristig auch lösen kann. Das was ein
längerer Prozess ist, ist eine Reorganisation das Unternehmen daraufhin auszurichten, dass man
die Prozesse schafft, die dafür zum Beispiel auch notwendig sind, dass man auch die Kommunika-
tion oder interne Kommunikation auch immer berücksichtigt, dass man in unterschiedlichen Ge-
schwindigkeiten mit anderen Prioritäten mit teilweise gänzlich anderen Mindsets an Aufgabenstel-
lungen herangeht.

I: *Das heißt der menschliche Faktor ist anscheinend sehr wichtig im Bezug auf die bimodale IT.*
Sehen Sie das auch so, dass da in gewissermaßen ein Mindeset geschaffen werden muss, dass die
Mitarbeiter überzeugt werden müssen, dass man mit dem bimodalen Ansatz effektiver arbeitet, als
wenn man den traditionellen Ansatz verfolgt?

B: *Das ist schwer zu beantworten, weil ich da in mir etwas zwiegespalten bin. Grundsätzlich muss*
ich nach wie vor das Thema von bimodaler IT zuerst bewähren, dass es überhaupt wirklich effizient
ist, effektiv ja definitiv, aber ob es effizient ist, da habe ich noch keine Nachweise dafür gefunden.
Bzw. kann ich auch nicht bestätigen, dass es das wirklich ist. Ich denke aber es ist eine Notwendig-
keit, dort wo man bestehende Prozesse hat und Softwareprozessentwicklung hat, um nicht radikale
Transformationen Richtung agiler Softwareentwicklung zu machen, sondern den Gegebenheiten
angepasst. Schrittweise Transformation durchführt, da führt einfach zwangsläufig kein Weg über
die bimodale IT, wo man einfach vielleicht über einen begrenzten Zeitraum vielleicht aber auch für
immer weil es sich auch als effizient erweist, diese Zweigleisigkeit oder Mehrgleisigkeit benötigt. Es
ist aber nicht so, dass man sagt man macht es um effizienter zu sein, sondern man macht es um
festzustellen ob man effizienter ist und weil man vielleicht in der Transformation zur Agilität hin
weiter voranschreiten muss oder vielleicht sogar Schritte zurückmachen muss. Das ist jetzt eigent-
lich die Antwort von der einen Seite, die Antwort von der anderen Seite ist, ich habe schon gesagt
das ist der human factor, der eine große Rolle spielt in der Digitalisierung oder auch in der bimo-
dalen IT, dementsprechend ist die bimodale IT nur die Kompromisslösung um nicht radikal zu
transformieren. Weil ich der Meinung bin, da spreche ich einfach aus der eigenen Forschererfahrung

was Software Engineering angeht, weil Wasserfall erwiesenermaßen nicht funktioniert, weil es einfach nicht praxistauglich ist, dass wenn man später auf Fehler stößt, man dann wieder von vorne beginnen muss. Die Realität sieht zumindest iterativ aus, dass man mehrere Zyklen vorsieht. Vom Erkennen was will man eigentlich zum Umsetzen zum Test zum Überprüfen des Geschaffenen, also diese Zyklen braucht man auf jeden Fall. Das heißt iterative Softwareentwicklung gehe ich fix aus, dass man ohnehin die hat auch wenn man sich vielleicht selbst belügt und sagt man hat Wasserfallprojekte. Die Transformation bis hinein in die Methode von Scrum zum Beispiel. Das ist dann wirklich die Frage, ob das effizient ist und da sehe ich eben diese Überprüfung wie ich vorhin bimodale IT zu sehen, wo liegt da, vielleicht der Effizienz trade-off.

I: *Also sie haben ja einige agile SW-Methoden genannt, die würden Sie als Stärke der bimodalen IT sehen, oder? Das ist erstens und zweitens, welche Schwäche sehen Sie in diesem Ansatz?*

B: *Ja zu erstens und zu zweitens. Ganz stark erhöhter Koordinierungs- und Kommunikationsaufwand. Letzten Endes, die Notwendigkeit Prozesse auch wirklich daraufhin anzupassen, dass man speziell dort wo auch in den technischen Lösungen, die man jetzt in diesen mehreren Strängen vielleicht schafft, wenn dort Abhängigkeiten bestehen, dass man in unterschiedlichen Geschwindigkeiten an gleichen Dingen arbeitet und damit erhöhten Aufwand hat das auf der Zeitachse zu koordinieren.*

I: *Welche Stärken würden Sie der bimodalen IT noch weiter zuschreiben?*

B: *Eigentlich keine, die ich bisher noch nicht genannt habe, das ist einfach der Kompromiss die Transition der Möglichkeit etwas altes komplett über den Haufen zu werfen und trotzdem mit etwas komplett neuen beginnen kann.*

I: *Gut, sehen Sie die bimodale IT als Überganglösung und ist das dann ein Risiko?*

B: *Also auf Langzeit bezogen, denke ich nicht, dass es eine reine Übergangslösung ist aus dem einfachen Grund. Es wird, wenn man sich die Gesamtsysteme betrachtet, vor Augen führen aus welchen Komponenten die bestehen, es wird immer unterschiedliche Geschwindigkeiten geben wie man zu den finalen Ergebnissen kommt. Ganz einfach, wenn man denkt, man hat Hardware im Spiel und man hat Software im Spiel, es würde einfacher sein an der Software eine Kleinigkeit zu ändern als wie Hardware tatsächlich zu verändern. Trotz technologischen Fortschritt wird man auch hier schneller werden, mit 3D Druck und dergleichen. Also wir werden auch dort schneller, aber es wird auch immer Geschwindigkeitsunterschiede geben und genau die werden auch über längere Zeit dazu zwingen, dass man sich mit diesen unterschiedlichen Geschwindigkeiten in der Gesamtsystementwicklung sage ich mal bebschäftigen muss und dafür die Lösungen benötigt und genau deswegen wird es denke ich immer Bereiche geben, wo bimodal immernoch benötigt wird. Wenn man eben systemnahe, hardwarenahe Software entwickelt wird man immer ein bisschen langsamer sein als wenn man nur UI-Prototyping betreibt und Risiko sehe insofern schon, weil dieser eröhte Kommunikationsaufwand, dieser erhöhte Koordinationsaufwand einfach ein Risiko darstellt, sage ich ganz pauschal, wenn man jetzt bimodale IT als Überganglösung einsetzt, wohlwissend, dass man die*

Transition Richtung Agilität durchführen will, dann gibt es das Risiko ebenso, man baut Zwischenlösungen, die man irgendwann abschaffen will. Im Gesamten gesehen, ist es aber Risikominderung, weil man eben nicht diese „Big Bang" Umstellung macht, sondern eben parallel alt und neu betrachten kann, vergleichen kann, die Effizienzvalidierung durchführen kann, dann die Möglichkeit Schritte vorwärts oder rückwärts zu machen.

I: *Okay, dann würde ich ganz gern zu den Rahmenbedingungen kommen und zwar die Rahmenbedingungen dafür bzw. Voraussetzung und Schlüsselfaktoren für eine erfolgreiche Implementierung der bimodalen IT im Unternehmen.*

B: *Die Rahmenbedingungen. Man muss sich über beide oder über alle, wenn man über unterschiedlich viele Geschwindigkeiten spricht, muss man über alle sehr gutes Know-How haben bzw. aufbauen, das heißt ich kann bimodale IT nicht erfolgreich umsetzen, wenn ich nicht sowohl mit Agilität schon Erfahrung habe oder mir Erfahrung zur Rate ziehen, als auch kann ich nicht erfolgreich sein, wenn ich kein gut gesetztes Know-How über die Legacy Prozesse mitführe. Das heißt bimodale IT einzuführen, wenn mir sämtliches Know-How über die Legacy Systeme fehlt, dann habe ich ebenso massive Probleme. Also die Grundvoraussetzung ist, dass ich die einzelnen Disziplinen sehr gut verstanden habe und beherrsche.*

I: *Okay, ja die Frage nach den Rahmenbedingungen ist auf jeden Fall eine sehr schwierige Frage. […] Das ist tatsächlich auch meine abschließende Frage gewesen. Ich hoffe ich habe Sie jetzt nicht zu lange aufgehalten!*

Transkript des Interviews

ID: 7

Interviewpartner: Dr. XXXX XXXX

Unternehmen: YYYY YYYY

Position: Digital Ideation and Business Development Manager

Datum des Interviews: 20.01.2017 (21 min)

Abkürzung: Befragte Person (B: Dr. XXXX XXXX), Interviewende Person (I: Alexander Pilipas)

I: *Hallo Herr Dr. XXXX XXXX, ich freue mich mit Ihnen dieses kurze Gespräch durchzuführen. Ich habe das Interview in 3 Teile gegliedert, einmal die Einleitung und dann der allgemeine Teil und zum Schluss der qualitative Teil. Diesen habe ich so genannt, weil es hier um die schwerpunktmäßigen Inhalte meiner Masterthesis geht. Bei der Masterthesis selbst geht es zunächst allgemein, um die digitale Transformation in Organisationen, also ein allgemeiner Einblick, dann aber im Speziellen die bimodale IT-Architektur, die ja vor 2-3 Jahren ein bisschen trendy oder eigentlich so ein Buzzword war, mittlerweile gibt es aber viele, die diesen Ansatz befürworten und viele die Gegner davon sind. Deshalb will ich eine SWOT-Analyse durchführen, letztendlich eine sehr detaillierte Analyse als Forschungsmethode für meine Masterarbeit.*

B: *Hallo auch von meiner Seite. Jetzt gibt es ja Forrester, die sagen bimodale IT ist blöd, es ist eigentlich sowas wie eine multimodale IT. Also ganz viele verschiedene Geschwindigkeiten. Greifen Sie das auch in ihrer Masterarbeit auf?*

I: *Ja, genau. Ich versuche wirklich sehr viele Stimmen aus der Praxis zu sammeln und auch aus der Literatur, aus dem Grund, betrachte ich nicht nur Stärken und Chancen dieses Ansatzes, sondern auch Schwächen und Risiken. Was mich interessiert ist Ihre persönliche Erfahrung und was Sie aus der Praxis erzählen können. Ich möchte nun mit der Einleitung beginnen. Können Sie sich bitte kurz vorstellen?*

B: *Ich heiße XXXX XXXX und arbeite bei YYYY. Ich bin Mitarbeiter der zentralen IT, wie Sie wissen sind das etwa 1000 Mitarbeiter, die für die ganze YYYY Gruppe bereitstehen, und meine Rolle heißt offiziell „Digital Ideation and Business Development" und was ich mache ist sowas wie ein Change Agent für Digitalisierung für eines der drei YYYY Geschäfte, nämlich der Performance Materials und das bedeutet, dass ich aufgrund meiner IT-Expertise in den Fachbereichen in diesem Performance Materials Geschäft aufzeige, wo digitale Technologien helfen können und digitale Technologien fangen natürlich bei Cloud an. Das kann sein: Big Data Analytics, Virtuell Reality, Augmented Reality, Artificial Intelligence, also diese ganzen Buzzwords. Ich versuche in kleinen Projekten oder Experimenten ganz praktisch zu zeigen, wo die Vorteile dieser digitalen Technologien liegen. Auf der anderen Seite erkläre ich den Fachbereichen aber auch, dass Digitalisierung das Geschäft deutlich verändern wird und, dass es irgendwann Konkurrenten geben wird, die wir nicht auf dem Radar haben und das sind keine Materialhersteller, die wir alle kennen, sondern das sind vielleicht Internetunternehmen und die haben überhaupt keine Fertigungsinfrastruktur, aber die habe alle bessere Daten als wir und auch einen besseren Kundenzugang. Wir müssen uns darauf vorbereiten besser zu werden, als mögliche Konkurrenten, und das versuche ich über diesen Weg, erst den Fuß in die Tür zu bekommen über solche digitalen Experimente und dann sprechen wir darüber, dass es notwendig ist das Geschäftsmodell zu hinterfragen.*

I: *Okay. Ja alles klar. Nur so aus Interesse, heißt es dann, dass es für Life Science und Health Care nochmal dieselbe Rolle gibt?*

B: Ja genau.

I: *Weil ich hatte vorhin bei ihrem Gastvortrag den Eindruck, weil sie ja das ganze Cloud Thema mit vorangetrieben haben, dass sie die einzige Person sind, die für den Bereich zuständig ist.*

B: *Für Cloud damals, da war ich noch in so einer Architekturrolle und da habe ich das tatsächlich für YYYY gesamt gemacht.*

I: *Gut okay. Dann sind wir schon beim allgemeinen Teil, digitale Transformation ist ein Phänomen bzw. es ist eigentlich ein Prozess, der schon seit Jahrzehnten langsam fortschreitet und da wollte ich jetzt ganz gerne wissen, was denn ihre positiven oder negativen Erfahrungen sind in Bezug auf die digitale Transformation, d.h. wenn sich ein Unternehmen anpassen muss, sich verändern muss, bspw. agiler werden muss und so weiter, was gibt es da für positive Seiten, negative Seiten und sozusagen Lichtblicke oder Schattenseiten. Gibt es Erfahrungen, die Sie auf dem Gebiet gemacht haben?*

B: *Also das Positive daran finde ich, dass die Mitarbeiter und damit meine ich nicht die Führungskräfte des Unternehmens diejenigen sind, die diese digitale Transformation vorantreiben oder tragen, weil die Technologien in der Regel aus dem Privatbereich kommen und das sind eher jüngere Mitarbeiter, die diese Technologien beherrschen, die dann sehen, im Unternehmen werden sie jetzt auch akzeptiert oder auch gewünscht und dann fangen sie an die auch proaktiv in den Arbeitsalltag einzubauen, oder auch von einer zentralen IT zu fordern , dass das was sie zuhause tun auch in der Firma geht. das ist das Positive daran, denn da damit erreicht man eine sehr hohe Mitarbeitermotivation, wenn wir denen sagen, jawohl ihr dürft das und wir wollen sogar, dass ihr diese digitale Technologie von zuhause mit in die Firma bringt und die nutzt. Das führt zu einer nachhaltigen Durchdringung und auf der anderen Seite ist etwas das nicht unbedingt von oben nach unten diktiert wird, also es ist jetzt kein vorstand der sagt: "Ihr müsst jetzt digital werden", und dann werden große Programme gemacht und dann kriegt jeder das in die Ziele geschrieben, weil dann wird es nur gemacht, weil man es muss, weil Geld dranhängt. Und dadurch weil das so von unten nach oben in die Organisation gebracht wird ist es wirklich etwas was meiner Meinung nach nachhaltig ist.*

I: *Sie meinen also sowas wie Social Collaboration und ähnliches?*

B: *Genau, ja, oder auch VR.*

I: *Und negative Erfahrungen hatten sie auch?*

B: *Ja gibt es auch, viele, aber eine ganz plakative ist, dass viele Mitarbeiter aus Angst davor, dass sie nicht so digital sind wie sie glauben, dass es von ihnen erwartet wird, jetzt alles als digital deklarieren. Also die sagen auch, zum Beispiel ein ERP Roll-Out, ist jetzt auch digital, weil es geht ja um IT und das ist ja per se digital. Auf einmal wird alles digital, oder auch, dass ich mit Email arbeite, das ist auch digital. Also ja das finde ich schwierig.*

I: *Es gibt ja wahnsinnig viele Definitionen von digitaler Transformation. Wie würden Sie persönlich den Ausdruck definieren, oder was bedeutet der Ausdruck für Sie?*

B: *Für mich bedeutet der Ausdruck eine Ergänzung der Produkte und Dienstleistungen, die jedes Unternehmen, also nicht nur YYYY, alle anderen auch anbieten, um datengestützte Dienste oder um Wertbeiträge oder Informationen, die rein aus Daten kommen und diese zusätzlichen Dienste oder Informationen, Technologien konsumieren, die es vor drei oder vier Jahren noch nicht gab und die sehr komfortabel sind , die das Leben als Kunde einfach machen.*

I: *Also ein sehr starker Fokus letztendlich auf die Daten, als Öl des 21. Jahrhunderts.*

B: *Genau ja absolut.*

I: *Bei der nächsten Frage wollte ich auf die Technologien eingehen. Da haben wir heute bereits viel über cloud computing gehört. welche Konzepte oder Technologien sind denn für Sie besonders relevant, wenn ich jetzt über digitale Transformation berichten würde. Angenommen ich sage nun, das sind die Technologien oder Konzepte die für die digitale Transformation besonders relevant und auf jeden Fall erwähnenswert sind.*

B: *Also die, die da stehen [bezieht sich auf Interviewleitfaden: Big Data, Cloud Computing, DevOps, Two-Speed IT etc.], da sind natürlich alle relevant, aber für mich die essentiellsten sind einmal cloud computing als Voraussetzung überhaupt für digitale Transformation und dann das Paradebeispiel, das für mich für digitale Transformation steht ist Big Data oder auch advanced analytics, denn dadurch, dass jedes Ding eine Internetadresse haben kann und Daten senden kann, habe ich unglaublich viele Daten zur Verfügung, die kann ich aber nur verarbeiten, wenn ich cloud computing nutze und dieses verarbeiten dieser riesiger Datenmengen mit guten Algorithmen wird dann dazu führen, dass digitale Transformation tatsächlich gelingt.*

I: *Wahrscheinlich dann auch „Internet of things".*

B: *Genau, das könnte man hier auch hinzufügen.*

I: *Okay, gut, dann sind wir schon beim eigentlichen Schwerpunkt, also ich behandle die „Two-Speed IT" und auch hier habe ich eher allgemeine Fragen, es gibt viele Studien, die sind sehr speziell und die haben auch jeweils unterschiedliche Antworten und Ergebnisse. Erstens, ist ihnen die bimodale IT bekannt, und wenn ja, welche Erfahrungen haben Sie damit gemacht?*

B: *Ja, den Ansatz kenne ich, wir haben da diesen Vergleich mit diesem effizienten Schnellzug und dem wendigen Motorrad, wir verfolgen aber diese „Two-Speed IT" eigentlich gar nicht, sondern ich würde tatsächlich sagen, wir haben so drei, vier Geschwindigkeiten, aber wir sprechen nicht darüber, weil irgendwie interessiert das auch niemanden. Aber grundsätzlich habe ich damit auch gute Erfahrungen gesammelt, weil ich sehe man braucht für bestimmte Kundenanforderungen einfach Stabilität, beim Ausrollen eine sehr große Sorgfalt und diese Systeme, die man da einführt, die sollen jahrelang stabil robust kostengünstig arbeiten und da glaube ich sind diese ganzen Prozesse und Methoden der klassischen IT, so etwas wie ein V-Modell und sowas die sind da gut und die sind da richtig und die braucht man weiterhin. Daneben braucht man aber auch für Bereiche in denen*

Anforderungen sich schnell ändern, in denen das Geschäft sich schnell ändern, in denen sich Konkurrenten schnell auftauchen und schnell wieder weg sind , da braucht man ein Schnellboot, etwas das ganz schnell da ist, das muss nicht so stabil sein und wir haben Jahrzehnte lang versucht, mit der klassischen langsamen effizienten Organisation die Schnellboote auch zu bedienen und das hat nicht funktioniert, also braucht man eine Parallelorganisation und ob das jetzt ein schnelles und ein langsames ist oder drei, vier, fünf verschiedene Geschwindigkeiten und eine langsame das ist glaube ich nicht relevant.

I: *Gut, dann die nächsten zwei Fragen könnte man theoretisch auch kombinieren, ich werde letztendlich auch in der Arbeit auf Stärken, Schwächen, Chancen und Risiken eingehen, wobei Stärken und Schwächen eine interne Analyse darstellt und Chancen und Risiken entstehen dann, wenn man die Umweltfaktoren mit einbezieht, bzw. auch die Weiterentwicklung des Modells in Bezug auf die Umwelt.*

B: *Also bei Stärken ist es ganz klar so, dass unsere Kunden, also die Fachbereiche bei YYYY, sehr viel zufriedener geworden sind mit ihrem IT-Dienstleister, als sie es vor Einführung dieser bimodalen IT waren, weil die nämlich für solche kleinere agilere Anfragen jetzt auch schnell kurzfristig eine schöne Lösung bekommen haben. Das gab es vorher nicht. Schwächen bedeutet natürlich, dass sich die IT-Kosten in Summe erhöhen werden, weil entweder stellt man für diese bimodale IT Architektur für diesen schnellen Teil, den man vorher nicht hatte, Leute ein oder man zieht aus der bestehender IT Mannschaft Leute ab und die fehlen dann natürlich in diesem effizienten Bereich [gemeint ist, in der Legacy IT]. Das ist aber keine Schwäche der bimodalen IT würde ich sagen, sondern eher eine organisatorische Kompetenz oder eine Kostenkompetenz. Eine wichtige Schwäche sehe ich darin, dass natürlich zwei Welten oder mehrere Welten aufgebaut werden. Es gibt also mehrere Softwarelösungen, die eigentlich dieselbe Anforderung unterstützen und das ist vom Kostengesichtspunkt nicht so optimal, sondern wir leisten uns das weil wir denken, dass die Vorteile die Nachteile übertreffen.*

I: *Was ist mit den Chancen und Risiken? Vielleicht in Bezug auf die Weiterentwicklung der bimodalen IT in Hinblick auf die nächsten paar Jahre, viele Unternehmen nutzen diese bimodale IT bzw. sie glauben es ist lediglich eine mittelfristige Lösung, weil langfristig die gesamte IT agiler werden muss.*

B: *Also ich glaube das ist auch sehr stark industrieabhängig, ich könnte mir vorstellen, dass in einer Industrie in der das Anlagevermögen eher gering ist, nämlich Finanzindustrie, da kann es durchaus sein, dass diese langsame IT irgendwann verschwinden muss, weil die können sich günstige Externe einkaufen, bei einem produzierenden Unternehmen bei Fabriken, die hochspezifisch sind sehe ich das in den nächsten zehn Jahren nicht. Vielleicht sind wir irgendwann soweit, dass man Fabrikationen von innen so modularisieren und standardisieren kann, dass ich in diesen Fabriken alles produzieren kann, Autos genau wie Medikamente, aber da sprechen wir von in 50 Jahren oder sowas vielleicht, deshalb glaube ich dass mittel- eigentlich auch langfristig in unserer Industrie also herstellungsintensiv mit großen Produktionsstätten, weil man das anders heute nicht bauen kann,* *man weiterhin den Bedarf hat an einem stabilen effizienten also auch kostengünstiger IT-Systemen und da sehe ich es auch als richtig erwiesen, dass man die IT mit klassischen Methoden ausrollt und betreibt.*

I: *Okay, dann sind wir schon bei den letzten zwei Fragen. Und zwar bimodale IT oder multimodale Aspekte sind noch nicht so ganz angekommen in der Praxis, viele überlegen sich was sind die Rahmenbedingungen, was sind Voraussetzungen, angenommen wenn ein CIO von einem Mittelständler sich überlegen würde, brauche ich die bimodale IT überhaupt, welche Voraussetzungen brauche ich und erfülle ich sie überhaupt? Was würden Sie sagen, welche Voraussetzungen oder Rahmenbedingungen sind notwendig, um eine bimodale IT längerfristig erfolgreich zu implementieren und zu betreiben?*

B: *Auf jeden Fall muss es gelingen, dass die Mitarbeiter, die in dieser Hochgeschwindigkeit arbeiten, nicht denselben Prozessen, Steuerungen und Kriterien, Kennzahlen und wie die Mitarbeiter in der klassischen IT. Zum Beispiel diese ITIL Framework mit diesen ganzen Prozessen da, wenn man das auch anwenden würden bei den schnellen, dann werden die nicht schnell, dann sind die genauso langsam wie die Legacy IT. Das ist ein Aspekt. dann gibt es da auch ganz viele andere Hürden zum Beispiel der Einkauf, die wollen ja möglichst große Mengen von Software und Hardware vom selben Provider anschaffen, weil sie Mengenrabatte bekommen. Das geschieht natürlich bei einer bimodalen IT nicht, nicht beim Schnellboot, weil die wollen ja schnell mal nur ein paar Lizenzen von irgendeinem Start-Up und dann mal von einem anderen Start-Up kaufen und ausprobieren. Das heißt man muss auch sicherstellen, dass die ganzen Prozesse der Zentralfunktionen mit denen die IT arbeitet auch auf diese bimodale Architektur eingestellt wird, dann braucht man die Leute, die dieses Schnelle verstehen, wir haben den Fehler gemacht anfänglich, dass wir einige IT Mitarbeiter, die gesagt haben, ich will in dieser schnellen IT Schnellbootvariante arbeiten, die haben 20 Jahre lang ERP Rollouts gemacht, da waren viele Leute in dieser Schnellbootgruppe natürlich auch jüngere, die meisten grad von der Hochschule und es gab riesen Konflikte, weil die älteren gesagt haben: „Ihr habt ja gar keine Ahnung, wir haben das immer so gemacht , wir kennen die Organisation" und die jungen haben das Unternehmen in der Probezeit verlassen oder gesagt, „ne wir machen so wie wir es gelernt haben. Mittlerweile ist es sehr gut und funktioniert auch sehr gut und weil es auch eine gute Mischung ist und man die Leute so arbeiten lässt, wie naja die Hochgeschwindigkeits-IT funktionieren muss mit Ende zu Ende Verantwortung in einer IT-Einheit usw. das muss also relativ autark auch von dem Rest der Organisation laufen. Dann ist es auch ein miteinander arbeiten, an einigen Stellen trennt man sich dann wieder wo die Modelle und die Services die da sind nicht für beide IT-Einheiten gehen aber bei einigen geht es noch.*

I: *Würden Sie sagen die Größe des Unternehmens spielt auch eine Rolle, wenn man sich die Rahmenbedingungen anschaut?*

B: *Ich glaube die mittelständischen Unternehmen haben eher Probleme mit diesem agilen Ansatz. Die Sind meistens ehr konservativ eingestellt. Obwohl es für die vielleicht günstiger und sinnvoller* *wäre, weil sie nicht so groß sind, aber die tuen sich mit Veränderungen generell schwer. zum Beispiel auch was das Thema Cloud Computing angeht.*

I: *Gut, dann sind wir an sich durch, ich bedanke mich bei Ihnen.*

Transkript des Interviews

ID: 8

Interviewpartner: Dr. XXXX XXXX

Unternehmen: YYYY YYYY

Position: Betriebs-Koordinator, Trend-Scout, Research-Fellow, CECMG Vorstand

Datum des Interviews: 26.01.2017 (26 min)

Abkürzung: Befragte Person (B: XXXX XXXX), Interviewende Person (I: Alexander Pilipas)

I: *Okay, dann starte ich jetzt die Aufnahme. Zunächst einmal wollte ich, dass Sie sich vorstellen und auch auf das Unternehmen eingehen in dem Sie arbeiten.*

B: *Ja, ganz vorab. Wie viele meiner Kollegen habe ich mehrere Hütchen auf. Jetzt die Frage: Mit welchem Hütchen möchten Sie die Fragen beantwortet haben, weil ich kann Ihnen da anbieten, einmal ist es die Versicherung, zum anderen ist es aber auch ein Analystenhaus. Vergleichbar, wenn Ihnen das schon mal über den Weg gelaufen ist, mit einer Gartner, mit einer Forrester bzw. in dem Fall ist es die YYYY. Ich denke mal Sie fokussieren sich hier auf die Versicherung.*

I: *Nein, tatsächlich nicht. Mehr IT-lastig, also die Versicherungen behandle ich jetzt nicht im Speziellen. Ich würde tatsächlich lieber eine Analystenmeinung von Ihnen hören, also nicht speziell bezogen auf Versicherungen.*

B: *Ja, wobei, es ist halt Geschmackssache. Also bei der Versicherung, da ist es jetzt auch nicht versicherungsfachlastig, sondern ich arbeite bei der Versicherung ja auch in der IT, das heißt wäre vielleicht für Sie dann wertvoller, ja wenn ich sage also, nun ja, wir können es ja zweiblockig machen. Habe ich bei einem anderen Interview auch mal gemacht. [...]*

I: *Ja gerne, das können wir so machen, ich bin da ganz offen. Sie können gerne beliebig antworten. Dann stellen Sie sich doch mal kurz vor.*

B: *Ja, Entschuldigung, mein Name ist Dr. XXXX XXXX, von der Studienausrichtung Naturwissenschaftler, Geowissenschaftler, ehemaliger, seit 1991 bei der YYYY, also Urgestein, seit etwa 2013, für die Verhältnisse extrem agil unterwegs, in der Form, dass ich die Stellen sehr schnell wechsle, das heißt also Aufgabe übernehme und wenn die erledigt sind, eigentlich fast die Stelle schon wieder wechsele. Die Rolle, die ich bis vor kurzem innegehabt habe, war die Rolle des IT-Trend Scouts der YYYY YYYY, das heißt also die Bewertung von aktuellen und zukünftigen technologischen Entwicklungen auf die YYYY YYYY bezogen.*

I: *Ah, das ist ja gut. Als Trend Scout sind Sie eigentlich genau richtig, weil diese bimodale IT war ja vor 2 – 3 Jahren schon im Trend und da haben Sie sich bestimmt auch damit so ein bisschen beschäftigt.*

B: *Das war eher nicht der Fall. Da muss ich Sie leider enttäuschen. Das kommt jetzt, die meisten sind jetzt dabei sich damit zu beschäftigen. Also ich habe mich eher beschäftigt mit der, also ich sitze im Informatik Betrieb bei der YYYY, das heißt, ich habe bewertet Technologietrends, zum Beispiel Big Data, Cloud, Plattformstrategie, das waren so die drei Themen. [...]*

I: *Okay, ja das sind auch alles relevante Themen denke ich. Ja, dann bin ich auf jeden Fall bei Ihnen richtig. Ich würde sagen, weil wir ja nicht so viel Zeit haben, würde ich auf den allgemeinen Teil nur relativ kurz eingehen. Ich würde da evtl. 1 oder 2 Fragen rauspicken. Was mich zunächst einmal interessiert ist, welche Erfahrungen haben Sie denn in Bezug auf die digitale Transformation gemacht? Denn es ist ja ein Prozess, ja, so seit den 80er 90er hat es langsam angefangen würde ich sagen und mittlerweile ist er fast bei jedem Unternehmen angekommen. Haben Sie vielleicht positive oder negative Erfahrungen damit gemacht?*

B: *Also, okay, Hütchen YYYY YYYY, uns treibt das Thema um, und zwar aus dem Grund, weil es aus unserer Sicht natürlich auch was mit Organisation und Umbau der Organisation zu tun hat. Das ist nachdem wir uns so über Jahre hineinwickelt haben zu einer Abbildung Plan-Build und Run. Und das auch abteilungsmäßig, also mitarbeitermäßig zuordnen, relativ schwer weil das sind starre Gruppierungen an sich. Was Sie bei uns haben in der Versicherungswirtschaft überhaupt, sind sehr starre siloartige Organisationseinheiten, wo jeder sein Gebiet hat, nicht über den Tellerrand gucken kann, was aber bei der digitalen Transformation extrem wichtig ist. Sprich, die Frage ist, bei Bimodal, wie bekomme ich das hin. Wie gehe ich einen Prozess an, ja also ich war jetzt auch auf einer Versammlung des Handelsblatts, drei Tage, habe da extrem viele, es waren 39 Vorträge von CIOs eigentlich sehr sehr stark quer über die Branchen und was sie da hören eigentlich, so als Haupttenor der digitalen Transformation, das eine aus amerikanischen Landen, „liebe Deutsche, hört auf mit dem Wort Digitalisierung, das ist ein Buzzword, da versteht jeder etwas anderes drunter." Wenn Sie bei digitaler Transformation ansprechen, dann sagt er, ja das haben wir doch schon. Dann frage ich, wie und warum, dann kommt so etwas wie „ja wir verfassen doch unsere Texte nicht mehr auf der Schreibmaschine, sondern wir nutzen die Office Produkte." Jo! Super! Super*

Geschichte! Sie haben einen anderen den Sie fragen, ich weiß nicht ob Sie es wissen, wir haben einen Internetauftritt, die YYYY, „digitale Versicherung, da ist doch jetzt die YYYY". Also, man kann geteilter Ansicht sein was man eben drunter versteht. [...]

Also bei digitaler Transformation würde ich sagen, dass es eben ein durchgängiger Prozess ist, also auch sehr kundenzentriert oder fokussiert, der vom Kunden geht bis rein in das Bestandssystem, durchgängiger und zwar bitteschön durchgängig digital elektronisch. Ohne irgendwelche Medienbrüche drin. Was Sie auch oft erleben ist, dass Sie das Frontend digital haben und die weitere Verarbeitung ist es dann nicht mehr, da werden Daten ausgedruckt usw.

Ja, so positiv negativ. Positiv: Das treibt alle um im Moment, auch die YYYY YYYY, jetzt die Frage ist, wir probieren uns auch organisatorisch auch stark zu fokussieren, sozusagen, wie macht man es, die YYYY bildet es im Moment ab, das ist jetzt auf dem Markt durchaus nicht unüblich, nicht so als bimodal sondern als Matrixorganisation, als virtuelles Team, also teamorientiert aufgesetzt.

I: *Vielleicht als Stichwort multimodal?*

B: *Joa, multimodal, würde ich jetzt nicht, ja, kann man kann man letztendlich. Es ist eben der Versuch, je nach Team, das dann eben in neuen Teams bedarfsorientiert, virtuell aufzubauen. Das ist jetzt das positive, negativ kann ich nicht viel sagen, doch negativ ist, das sind halt Themen, die on top kommen, das heißt also die guten Deutschen planen ihr Geschäft auf Manntage runter ein Jahr im Voraus. Machen die Planung und berücksichtigen im Moment nicht dabei, dass ein nicht geringer Anteil von Projekten von Geschäften unterjährig reinkommt, was bringt es, was zeitlich wichtig ist, also dieses Thema time-to-market eine Rolle spielt, wo dann aber viele Kollegen, nicht ganz zu Unrecht sagen „ja Leute, woher nehmen wir jetzt die Zeit?" Das heißt wir, sind anders verplant. Das ist jetzt sagen wir mal das negative bzw. die Herausforderungen. Wie verplane ich also die Mitarbeiter, lasse ich nun so ein white space an Zeit, also ein Zeitkonto übrig? Es auf Reserve halte für solche nicht geplanten Aktivitäten. Im Umfeld digitale Transformation.*

I: *Das sind auf jeden Fall sehr interessante Eindrücke. Ich würde sagen, wir steigen dann auch direkt in das Thema bimodale IT ein. Sie haben das ja auch schon ein bisschen angesprochen, das wird letztendlich ja auch Schwerpunkt meiner Arbeit sein. So eine Analyse der bimodalen IT. [...] Welche Erfahrungen haben Sie mit dem Ansatz gemacht, also erstmal ganz allgemein, bevor ich dann auf die Stärken und Schwächen eingehe.*

B: *Also Erfahrungen haben wir eben selber mit diesem bimodalen Ansatz nicht gemacht bislang. Wir bilden es eben anders ab (virtuelle Teams).*

Wenn ich das andere Hütchen aufsetzte, was ich nun auch in München bei der Veranstaltung mitbekomme habe war, dass die meisten Ihnen sagen, ok, es gibt ja auch viele bildliche Vergleiche. Ich nehme gerne den Luxusliner und das Schnellboot, es gibt andere die nehmen Hase und Igel. Schildkröte und Hase, glaube ich auch.

I: *Das mit dem Schnellboot ist glaube ich das bekannteste, das habe ich auch schon oft gehört.*

B: *Wir haben ja das Problem, Schnellboot ist ja sehr schön, für Business Cases ist es sicher was, für neue Geschäftsideen ist es richtig gut. Weil wenn man es richtig besetzt das Schnellboot, das kommt noch dazu. Das ist dann die nächste Frage eigentlich, wenn setze ich in das Schneelboot ein. Mitarbeiter aus dem bisherigen Unternehmen oder hole ich mir da die Start-ups rein? Beides hat Vor – und Nachteile. So die entwickeln sehr schnell, haben das business model, irgendwann müssen sie es ja überführen. Das heißt also, das ist jetzt auch sagen wir mal bekannt auf dem Markt durchaus, warum die Start-Ups so schnell sind. Sie haben die ganzen Hürden, die eine klassische IT hat, angefangen vom Betriebsrat, über Prozesse, die berücksichtigt werden müssen, über Einbindung von den ITIL-Prozessen, also Config, Incident, Problemmanagement, das haben die Jungs alle nicht. Irgendwann müssen sie die anderen aber übernehmen in ihre normalen Prozesse, auch mit dem Hintergrund, sie müssen es ja 7 mal 24 Stunden betreiben. Da braucht man routineverfahren dahinter. So, ja das ist die Herausforderung, wie kriege ich das bei einer bimodalen IT hin.*

I: *Also Sie würden auch sagen, dass der Humanfaktor wirklich auch entscheidend ist? Wir müssen ja wissen, wer lenkt sozusagen das Speedboat.*

B: *Ganz genau, ja!*

I: *Okay, ja dann kommen wir nun zu den Stärken und Schwächen sowie Chancen und Risiken. In der Arbeit differenziere ich das Ganze ein wenig. Stärken und Schwächen resultieren aus einer internen Analyse des bimodalen Ansatzes und Chancen und Risiken tauchen auf wenn man Umweltfaktoren hinzuzieht. Da ist auch eine Zeitkomponente auch mit dabei. Es soll also eine klassische SWOT Analyse sein.*

B: *Ich würde jetzt mal wirklich ausgehend von den zwei Bilder sehen. Das ist also einmal Luxusliner und Schnellboot. Sie müssen beides betreiben, da ist man sich eigentlich auch einig, sowohl bei der YYYYals auch im Umfeld. Sie können nicht von heute auf morgen den Luxusliner torpedieren. Das ist die klassische IT, die wird auch weiterhin gebraucht. Man kann nicht gleich umsteigen auf alles auf App und alles auf komplett neu und machen das auch sehr schnell. Aber das funktioniert nicht. Sie müssen ja beides nebeneinander betreiben. Ja, also da haben Sie den Vorteil, sie können den Luxusliner so weiterfahren lassen, nehmen sich aber nicht das Potenzial, das disruptive Potenzial, muss man auch dazu sagen, um Trends und solcherlei Entwicklungen zu verschlafen, sondern Sie gucken sich die Start-Up Szene an und gucken sich an, wo kriege ich jetzt neue Ideen her. Das sehe ich als riesen Vorteil von diesem bimodalen Modell eigentlich an. So die Schwäche ist, wie eben schon ausgeführt, das ist das Thema wie bekomme ich die zwei unter einen Hut. Wie bekomme ich die Entwicklung vom Start-Up hinterher integriert in mein klassisches Business Umfeld. Sehe ich als Schwäche, als Herausforderung. Also wie löse ich das organisatorisch? Es gibt da auch verschiedene Ansätze, sind die komplett getrennt, ist es ein eigenes Unternehmen? Ist es eine eigene Gesellschaft beim selben Unternehmen aber an einem anderen Standort. Arbeiten Sie autark. Aber das geht dann schon mehr in das verwaltungstechnische.*

I: *Ja, also ich habe auch schon öfters gehört, dass eine Schwäche sein kann bzw. Risiko je nach dem wie man es begründet. Dass man dann schon zwei Organisationen hat, die einen arbeiten dann* aber in der alten IT und fühlen sich vielleicht den gegenüber, die in der neuen agilen IT arbeiten, abgehängt. [...]

B: Also sehe ich eigentlich nur bedingt, ich sehe die größere Herausforderung, der Begriff Kultur, das würde ich also als riesen Herausforderung sehen. Das heißt, es ist eine psychologische Geschichte, die klassische IT eigentlich dahin zu bewegen. Ich glaube also nicht, dass die dann neidisch sind, sondern die sagen „komm die ticken halt anders", die sehen das wahrscheinlich sogar eher stark negativ. Suchen überall die Krümel, die Körnchen im Getriebe. Werden Sie auch finden, weil auch zum Beispiel hieß, ja agil ist ja auch sehr schön, die agile Entwicklung, wenn aber etwas sehr schnell entwickelt wird, das borgt natürlich auch viele Risiken und die Fehlerrate steigt. Gegenüber der klassischen Wasserfallmethodik, ja da lässt man sich Zeit und was für Deutschland üblich ist, ich baue meine 110% Lösung. Sie bekommen die Köpfe, die über Jahrzehnte so arbeiten, auch psychologisch nicht so ohne weiteres umgepolt. Ja, es ist ein Paradigmenwechsel. Also von langsam und kontinuierlich und mit Leitplanken drauf zu komplett offen und zwei Wochen Sprints.

I: Das heißt ich könnte dann sagen, dass ein Risiko ist, dass so eine bimodale IT nur mittelfristig eine Lösung sein kann, aber langfristig die gesamte IT sich Richtung Agilität bewegen muss.

B: Ja, richtig.

I: Okay, ja evtl. noch eine Chance, wie sich das weiterentwickeln könnte. Sie haben ja schon angedeutet, dass Sie so etwas Ähnliches bei der YYYY haben. Sehen Sie da die Chance, dass sich das noch weiterentwickeln könnte. Viele neue Variationen und Konstellationen.

B: Also was ich sehe ist, dass sich da so ein hybrider Ansatz entwickelt, das heißt sie haben einen CIO, der Oberhaupt über die klassische IT ist, hat aber daneben, die steuert er auch, was ich auch extrem wichtig finde, hat daneben eine, also Struktur weiß ich nicht, oder Abteilung, die sind auf jeden Fall freidenkerisch unterwegs und sie haben auch den finanziellen Rahmen dafür. Also diese Digital Unit, im Grunde genommen. Das gab es auch sehr oft auf der Veranstaltung jetzt die Tage, viele die da diese Digital Labs haben um da auch ganz einfach schneller zu agieren und etwas ausprobieren zu können. Man probiert das aber auch nicht so stark zu trennen, sondern man probiert da schon den Schulterschluss zu bekommen. Ja, man probiert wirklich dir Start-Ups in den Punkten nachzumachen, dass sie sehr kundenzentriert sind und auch so etwas wie „fast fail" durchgehen darf. Also, dass man etwas ganz schnell entwickelt und naja wenn es dann heißt „jup falscher Weg", ja das zuzulassen, aber das nicht mehr im Start-Up zu lassen, sondern im Unternehmen. Das heißt da die Methodik da rein zu bekommen. Das ist der Weg der Zukunft, eine Chance.

I: Sehen Sie da die Chance, dass sich für die Digital Unit, eine Führungsposition entwickelt. So etwas wie der CIO für Agilität.

B: Jo! Es ist halt die Gretchenfrage. Das wäre ja dann der CDO, die Rolle gibt es heute schon. Ja das gibt es, ein prominentes Beispiel ist VW. Das gibt's, ja also VW hat sowas, VW praktiziert es. Das steht und fällt mit dem, der diese Rolle einnimmt. Das ist in dem Fall jemand, der lange in

Silicon Valley gearbeitet hat, er muss sich dann schon extrem gut mit dem CIO verstehen. Wenn die gut miteinander können, ist es eine ideale Paarung.

I: *Okay, gut, ich würde dann zum Abschluss noch die Frage stellen, wenn sie eine bimodale IT Architektur implementieren müssen, was sind für die die Voraussetzungen, Rahmenbedingungen um dies erfolgreich zu tun?*

B: *Da kann ich Ihnen ein Stichwort sagen. Das ist das Thema DevOps, die YYYYdiskutiert das auch im Moment, ob das relevant ist, weil es auch ein massiver Einschnitt ist. Aber in diese Richtung geht's würde ich jetzt sagen. Weil das ist ja dann auch ein komplett anderer Aufbau von der Organisation. Sie haben da Querschnittsfunktionen als Basic und oben drauf die einzelnen Geschäftsservices. […] Auch als Konsequenz für dieses bimodale Modell.*

I: *Okay, ja gut, dann bin ich doch relativ gut durchgekommen. Ich bedanke mich bei Ihnen Herr Dr. XXXX.*

Transkript des Interviews

ID: 9

Interviewpartner: XXXX XXXX

Unternehmen: YYYY YYYY GmbH

Position: Consultant

Datum des Interviews: 22.01.2017 (39 min)

Abkürzung: Befragte Person (B: XXXX XXXX), Interviewende Person (I: Alexander Pilipas)

I: *Ich habe das Interview in drei Teile gegliedert, zunächst die Einleitung, dann ein allgemeiner Teil und zum Schluss, ich habe es mal qualitativer Teil genannt. Da geht es inhaltlich um die bimodale IT. Bei meiner Masterarbeit selbst gehe ich erstmal auf die digitale Transformation in Organisationen ein, es ist ja ein Prozessgeschehen, der seit den 80ern oder 90ern langsam fortschreitet, und dann gehe ich im Speziellen auf die bimodale IT-Architektur ein, wo ich im Endeffekt eine detailliert SWOT-Analyse machen möchte und dazu brauche ich Meinungen aus der Praxis, denn nur mit der Literaturrecherche ist es etwas wenig. Gut, also die erste Frage [betrifft die Aufzeichnung des Interviews] haben wir abgearbeitet und das Interview wird aufgezeichnet. Zweitens kannst du dich kurz vorstellen und vielleicht auch das Unternehmen in dem du arbeitest und die Position die du dort innehast.*

B: *Gerne, ja ich bin Michaels XXXX XXXX und bin Consultant bei YYYY YYYY in Frankfurt, wir sind der größte Berater für BI Lösungen in Deutschland mit 260 Mitarbeitern und 8 Standorten in Deutschland, Österreich und der Schweiz, wir bauen alles was rundum Data Warehouses, Datenanalyse, Reporting aber auch Big Data zu tun hast und bewegen uns jetzt auch in dem Bereich künstliche Intelligenz, Machine Learning und Blockchain ist auch ein Thema. Also sehr progressiv und sehr nach vorne ausgerichtet. Digitalisierungsgetrieben.*

I: *Ja, okay, also Künstliche Intelligenz und Machine Learning sind ja so die Themen die 2017, 2018 im Vordergrund stehen oder?*

B: *Auf jeden Fall, Künstliche Intelligenz und das was man so hört, es gibt verschiedene Stufen davon, es wird nicht alles kommen und es wird teilweise auch ein bisschen overhyped, aber es kommt in ganz langsamen Schritten auch in Momenten, wo man es gar nicht merkt. Also die SAP baut zum Beispiel KI in Systeme oder in Programme ein, um einfach eine bessere Usability zu haben das heißt die Menüs verändern sich entsprechende der Interaktion der User. das heißt man will Funktionen den Usern zur Verfügung stellen, die die User auch brauchen. Oder AI heißt ja nicht nur Fragen beantworten in Form von" was ist XY?", aber sondern ich habe zum Beispiel auch gesehen, da wurden auch Bilder hochskaliert. also da hattest du eine ganz verschwommene Aufnahme und da hat sich der KI ausgerechnet, wie das Bild im Original da aussehen müsste und da hat man das Original daneben gehalten und „wow", das ist zum Teil, man kriegt es kaum so mit Photoshop hin, da kommen echt krasse Sachen raus.*

I: *Ja ich merke das, weil wir in letzter Zeit ziemlich viele Kurse was Machine Learning angeht, Mining, Data Mining, Web Mining, auch künstliche Intelligenz.*

B: *Echt?*

I: *Ja als ich angefangen habe zu studieren, gab es noch nicht so viele Kurse die die Themen behandelt haben, also es war 2011 als ich angefangen habe mit dem Bachelorstudium mittlerweile sind es echt viele Kurse in dem Bereich. Es ist auf jeden Fall ein cooles Thema. Gut dann ist die Einleitung damit abgeschlossen. Dann komme ich zum allgemeinen Teil, da gehe ich in der Arbeit auf die digitale Transformation als Ganzes ein. Da würde ich gerne von dir wissen welche Erfahrungen du in Bezug auf die digitale Transformation gemacht hast. Also sozusagen positive und negative Erfahrungen, vielleicht weil du ja auch Berater bist, vielleicht gab es Kunden die überwiegend positive Erfahrungen hatten, wahrscheinlich aber auch welche die negative Erfahrungen hatten ,weil sie zum Beispiel Teile ihres Geschäftsmodells verloren haben durch die digitale Transformation.*

B: *Also, generell ist die digitale Transformation bei allen Firmen angekommen, aber die wenigstens, anders, man weiß, dass man was tun muss, man weiß aber nicht genau was man tun musst. Es herrscht eine sehr große Unsicherheit am Markt. "Was heißt eigentlich Digitalisierung für uns? Heißt das wir müssen mehr automatisieren? Heißt das wir müssen einfach unsere Prozesse noch digitaler machen?" Die Sache ist die, dass zwischen dem was man sich vorstellt und was auch technisch möglich ist und dem was Firmen wie SAP entwickeln, und zwischen dem was in der Basis* *eingesetzt wird einfach ein sehr großes Delta ist. Also es ist auch wirklich ein sehr großes Problem, es gibt sehr viele Inseln, also wenn man sich ein großes Konzern oder ein großes Unternehmen anschaut, da gibt es ganz viele Silos, die ihre eigenen Sachen machen es gibt viele Systeme, die nicht mehr miteinander interagieren können. Man findet teileweise Systeme die richtig alt sind, man einfach Infrastrukturen nicht nutzen kann, um einfach das abzubilden was heute „State of the Art" ist. Auf der anderen Seite ist es so, dass, ich bin jetzt sehr SAP-lastig, also SAP macht der viel in Richtung Digitalisierung was man gar nicht so denkt und die Möglichkeiten die einem die SAP bietet mit in memory Datenbanken mit Analytics Tools die sie hat mit BW mit den Daten Centern die sind schon enorm und die bieten auch branchenspezifische Module an, um Auswertungen aus IoT Daten zu fahren und daraus ein Geschäft oder ein Service zu bauen, aber bis das was möglich ist in der Basis ankommt, dauert sehr lange und das Delta ist einfach sehr groß und es wird auch häufig gefragt: „Brauchen wir das? Ist das sinnvoll?" Und oft verstehen die Leute auch nicht einfach den ganzen Horizont dahinter.*

I: *Das ist ja dann so ein bisschen die Qual der Wahl, man weiß nicht so genau was brauche ich eigentlich und da hat man so viele Möglichkeiten an Tools. Also ich sehe einfach dann die Schwierigkeit dann, dass man die Schwierigkeit hat etwas auszuwählen.*

B: *Ja zum Einen stimmt es, denn was brauch ich davon, was ist für mich sinnvoll, weil Veränderungen und Changes sind immer Herausforderungen in der Organisation und auf der anderen Seite sind es auch so persönliche Seiten. Also wenn jemand zehn Jahre auf einem Altsystem gearbeitet hat, dann kommt oft die Frage „Warum sollte ich etwas verändern so wie wir es machen funktioniert es doch." Und wenn sie dann aber sehen , dass jemand anderes kommt zum Beispiel Amazon, im Retail Bereich da schauen immer alle auf Amazon was machen die, und die haben immer wahnsinnige Angst davor, dass jeder etwas entwickeln kann was schnell skalieren kann was schnell in der breiten Maße ankommt und das stellt die Leute einfach vor großer Herausforderung und man hat dann oft ab einer bestimmen Größe eine gewisse Resignation, dass man sagt man hat ja eh keine Chance also müssen wir in eine Nische rein und wir überlegen uns was ist überhaupt noch sinnvoll. Aber das größte Problem sehe ich weniger in dem Vorhandensein von Möglichkeiten, sondern mehr darin „A" bekommen wir die Organisation schnell genug angepasst. „B" sind auch die Menschen dazu bereit, also keinen Konflikte im Sinne von ja ich muss erst die Leute von der Sinnhaftigkeit überzeugen, sodass sie bereit sind von alten Dingen loszulassen und finanzielle Aspekte habe ich eher selten erlebt dass es mal eine Rollen gespielt hat, dass es zu teuer ist, also es ist wirklich so, dass es mehr so Governance Themen sind.*

I: *Gut, dann würde ich sagen gehen wir weiter zum nächsten Punkt. Was würde denn digitale Transformation für dich persönlich bedeuten? Also wenn du es jetzt mit ein paar Sätzen definieren würdest wie würdest du das tun?*

B: *Ja, digitale Transformation heißt für mich, dass Prozesse durch digitale Komponenten abgebildet werden, dass sie im nächsten Schritt auch automatisiert werden und wenn sie automatisiert sind,* dass aber auch die Entscheidungsfindung von Menschen teilweise auf Maschinen übertragen wird. Also was es nicht heißt ist, wenn man sich z.b. die Banken anschaut, da gab es ja diese e-business Phase 2004-2008 da hat man gesagt: „naja wir haben Prozesse, die waren alle in Papierform und jetzt nehmen wir dieses Dokument und bilden es als PDF ab.

I: *Und das nennen wir dann Digitalisierung quasi?*

B: *Ja da war sowas wie e-business, das ist etwas was viele früher unter Digitalisierung verstanden haben, aber das heißt es eben nicht, Digitalisierung heißt eben, dass du einen Austausch zwischen Geschäftsdaten hast, dass du Geschäftsmodelle aus Daten realisieren kannst, dass du Daten nutzt, um neue Services abzubilden. Also mal ein ganz konkretes Beispiel wäre zum Beispiel, naja eine Audi sagt zum Beispiel wir werden mit dem Produzieren von Autos in der Zukunft kein Geld verdienen, also was ist denn eigentlich ein Auto? Ein Auto ist ein Transportmittel von „a" nach „b" ja und es heißt, wenn ich mich in einen Audi reinsetze, dann habe ich einen gewissen Premiumanspruch und ich habe bestimmte Emotionen, die mit der Marke verknüpft sind und diese Emotionen und diese Dienstleistung des Transports von „a" nach „b" können wir jetzt um Services anreichern, die dem Kunden einen Mehrwert geben und diese sind in der Regel auch datengetrieben aber dazu brauchst du erstmal Daten, du brauchst Infrastruktur, du brauchst Netzwerkfähigkeiten, den Austausch zu anderen Unternehmen, dass du Schnittstellen hast, dass du was hast, dass du dann aber auch dann wenn wir zu diesen Entscheidungsfindungen kommen in diesen Sachen, dass da kein Mensch steht, der das entscheidet was wäre für den Kunden sinnvoll, ja klar wenn du den Service designst, aber wenn der Service ausgeführt wird ist das eine Maschine, die automatisch entscheidet was sollen wir jetzt den Kunden anbieten wenn er unterwegs ist. Also im Prinzip für mich heißt digitale Transformation eine hochgradige Automatisierung mit Unterstützung durch Maschinen.*

I: *Ok, ja dann geht es weiter mit der fünften Fragen, das ist die abschließende Frage im allgemeinen Teil. Wenn man von digitaler Transformation spricht da hast du jetzt natürlich so Konzepte wie Automatisierung sage ich mal genannt, aber es gibt auch viele Technologien beispielsweise Cloud Computing wo Leute sagen, ok, ohne Cloud Computing kann ich nicht digitalisieren würdest du das auch so sehen? Welche andere Technologien oder Konzepte würdest du als wichtig einstufen im Zusammenhang mit der digitalen Transformation?*

B: *Ja, also Thema Cloud Computing finde ich recht interessant, dieses Jahr beim DWWI, also bei Data Warehouse Instructors, das ist ein Netzwerk für BI Leute, ein Vortrag, da geht es um Cloud Computing , ist Cloud Computing im Handel schon Commodity, also Cloud Computing ist wahnsinnig wichtig für die Digitalisierung auf der anderen Seite ist aber eigentlich auch schon rund 10 Jahre alt. Und eigentlich müsste man erwarten, dass es Commodity ist, aber es gibt wahnsinnig viele Vorbehalte gegen Cloud Computing es gibt sehr viele Firmen, die sagen wir möchten die Sachen bei uns auf der Infrastruktur hosten wir möchten die Daten nicht bei Amazon oder Azur hosten sondern wir sollen sie bei uns haben. Big Data ist wichtig, DevOps habe ich nicht so viel mit zu tun, Two-Speed IT sehe ich ein bisschen kritisch mittlerweile am Anfang habe ich gedacht, das wäre*

super sinnvoll und das ist in dem Bereich auch sinnvoll in dem Organisation nicht gewandelt wer-
den können , also das ist gerade im Delphi Umfeld, wenn du eine eingesessene Bank ist, bis du da
einen Change durch hast, da musst du einfach eine neue Infrastruktur oben draufsetzen, damit
man schnell Sachen durch die Organisation bekommt. Also Technologien, was hier auf jeden Fall
mit rein muss, ist Blockchain muss mittlerweile rein weil es wahnsinnig wichtig ist für die digitale
Transformation. IoT ist, wo man als Mensch mit Gegenständen interagiert, Interaktion, die du
machst wieder eine Reaktion auslöst, das heißt, dass du die Möglichkeit hast zu fassen, was macht
der Mensch überhaupt da? Was muss noch rein? In-Memory Datenbank-technologien müssen mit
rein, KI müssen mit rein. Was muss noch rein? Also advanced analytics, da gibt es im Prinzip vier
Formen die müssen rein, evtl. noch robotics 3d druck weiß ich nicht, das wurde glaube ich relativ
stark gehyped und ist nicht so angenommen.

I: *Kommt natürlich stark auf die Branche an was 3d druck und robotics angeht.*

B*: Ja genau. Ich suche gerade nach einer Präsentation, wir haben nämlich bei uns intern in der*
Firma genau diese Frage diskutiert und dann eine Aufstellung gemacht und geschaut ok was sind
so denn die Themen für die Zukunft, und diese suche ich gerade, ja aber was ist es denn so aus
deiner Perspektive?

I: *Ja, also im Prinzip die ich jetzt auch genannt habe, auch big data analytics, Cloud, Automatisie-*
rung denke ich auch, es ist halt ein bisschen durcheinander finde ich, weil Cloud sehe ich eher als
Technologie und Automatisierung ist eher ein Konzept oder Prozess, das sind alles so Buzzwords,
was Two - Speed IT angeht, da habe ich mittlerweile mitbekommen, dass manche eher nicht unbe-
dingt von Two - Speed IT bzw. bimodaler sondern von multimodaler IT sprechen. dass man sagt,
ich habe nicht unbedingt zwei Organisationen, die separat sind sondern ich habe interne Treiber,
die sehr agil sind, multimodal eben, ich glaube es geht dann eher in die Richtung. DevOps habe ich
jetzt mit aufgenommen, weil es ein Buzzword ist, aber viel hat man davon jetzt auch noch nicht
gehört.

B: *Also ich lese mal vor was wir so sehen was interessant ist. Automatisierung, cognitive computing,*
Cloud Computing, Blockchain, high performance mass data processing, wo es darum geht große
Datenmengen schnell zu verarbeiten.

I: *Das ist ja dann eigentlich big data analytics.*

B: *Ja. dann noch intelligence agents, also die Assistenz-Systeme, smart user interfaces, IoT, IoT-*
Analytics, und container-management da geht es wahrscheinlich um Docker, dass man Sachen
schnell rausholen kann.

I: *Also das habt ihr dann in der Firma intern als wichtige Themen in Bezug auf die digitale Trans-*
formation behandelt. Okay, gut, dann würde ich sagen den allgemeinen Teil haben wir jetzt ziem-
lich ausführlich besprochen. Finde ich aber gut, also ich gehe jetzt inhaltlich auf die Two-speed IT,
bimodale IT ein, die ist in der Literatur so gut wie gar nicht behandelt worden, die gibt es auch erst

seit 3 Jahren oder so, da war es eher noch ein bisschen ein Hype bzw. da hat man mehr darüber gesprochen, mittlerweile gibt es viele Befürworter aber auch viele Gegner der Two-speed IT und weil das Thema sehr kontrovers diskutiert wird möchte ich mich damit beschäftigen, um herauszufinden welche Stärken und Schwächen gibt es eigentlich, welche Chancen und Risiken und ich möchte generell etwas Licht ins Dunkle bringen. Die erste Frage ist eine relativ simple. Die Two-speed IT ist dir ja bekannt, welche Erfahrungen hast du damit bisher gemacht? Bzw. du als Berater, gibt es Firmen, die dich in Bezug auf die bimodale IT ansprechen und sagen: „Ja, Herr XXXX XXXX wäre es etwas für uns die bimodale IT, ich habe, da habe ich was gelesen bei Computerwoche und dass man das aufbauen könnte und agil sein wollen wir sowieso, hast du vielleicht solche Erfahrungen gemacht oder hast du generell Erfahrungen mit der bimodalen IT gemacht?

B: *Also in meiner Beratungszeit in YYYY YYYY war bimodale IT eher so ein Randthema. also es wurde als wichtig erkannt es wurde auch hin und wieder mit Kunden diskutiert, aber es war nicht der Hauptfokus. Aber ich habe noch eine andere Perspektive. Ich war 2015 noch bei der deutschen Bank im Prinzip da angestellt und es war gerade die Phase, wo bimodale IT eingeführt wurde. Es gab eine Gartner Studie, die die Grundlage für die bimodale IT gelegt hat und auf Basis dieser Gartner Beratung wurde dann die bimodale IT über die ganze deutsche Bank drüber eingeführt. Der Ansatz war sozusagen mit der jetzigen Organisation schaffen wir es einfach nicht in einer ent-sprechenden Geschwindigkeit auf Veränderungen im Markt reagieren zu können. Wir sind als Un-ternehmen zu langsam und zu schwerfällig, wir müssen neue Organisationen schaffen. Also es gibt das „System of Engagement" und „System of Records" da wurden die Zuständigkeiten neu gebün-delt in „System of Records" ging alles rein was man als Sicherheitsanforderung hat und auch die ganzen, also im Banking hast du immer viel, wie heißt es, also so legal Sachen, also Regulatoren, das ist alles beim klassischen Management Teil geblieben in System of Records und bei System of Engagement sind alle Sachen hingegangen, die einen hohen Kundenkontakt haben, die Oberflächen haben, die datengetrieben sind die Ticks beinhalten und was haben sie gemacht, sie haben um Awareness dafür zu schaffen, haben sie Scrum Teams ausgebildet, sie haben Leute genommen, de-nen Scrum vorgestellt was macht das Ganze, was ist das für eine Arbeitsweise, es ist auch eine ganz neue Denke dann auch. In Eschborn hat man immer wieder so Teams gebildet oder Grüppchen, die agil arbeiten, sodass im Prinzip die anderen sehen können, hey das funktioniert und das funktio-niert gut und die bringen auch schnelle Ergebnisse. aber es war auch klar das Bekenntnis zu wir müssen Fehler machen wenn Projekte scheitern, dann ist es nicht so dramatisch sondern wir müssen daraus lernen und aus diesem lernen, und es wurde auch dann immer weiter umgesetzt oder wie es Moment aussieht, weil ich bin September 2015 gegangen, wie es im Moment aussieht, kann ich nicht sagen, aber ich weiß, dass es sehr hoch priorisiert wurde, es wurde als ein Element gesehen um gegen die Fintecs zu bestehen.*

I: *Okay, das ist schon cool, das habe ich zum Beispiel nicht gewusst, weil die deutsche Bank ist schon sehr groß und dass die sich dann alleine auf Grundlage dieses Trends oder der Studie sich so leiten lassen, das hätte ich jetzt nicht gedacht.*

B: *Da wurde wirklich das ganze Unternehmen über Nacht rumgerissen. Also es kam irgendwie zum 1.5.2015 ungefähr und da wurde auch wirklich mit sehr viel Druck und Elan das ganze durchgesetzt.*

I: *Welche Stärken, Schwächen würdest du jetzt persönlich bei der bimodalen IT erkennen und vielleicht auch im gleichen Atemzug, auch Chancen und Risiken, wobei ich Chancen und Risiken mehr in Bezug auf die Umweltveränderungen betrachten möchte auch in Bezug auf die nächste Jahre meine. also Stärken und Schwächen sind bereits im Konzept vorhanden und Chancen und Risiken können sich dann entwickeln auch unter dem Einfluss von Umweltfaktoren, die möchte ich so eingrenzen.*

B: *Also Stärken ganz klar, es gibt eine Chance für einfach bisschen mehr Geschwindigkeit oder auch einfach eine Plattform zu schaffen wo Dinge realisiert werden können oder auch Innovationen realisieren können, die sie vorher hätten nicht realisieren können. Oft ist es so wenn man irgendwas braucht, schaut man am Markt, kann man es extern einkaufen? Ja dann wird es gekauft, ok, ich muss Berater einkaufen, die das ganze machen. Mit der bimodalen IT hat man aber auch, es kann das Unternehmen verändern, im Sinne von wir werden offener, wir werden schneller.*

Schwächen natürlich ganz klar, wo grenzt man das ganze ab, was gehört zum agilen Teil was gehört zum klassisch gemanagten Teil, wie bekommt man hin, dass der Austausch zwischen den beiden Parteien weiterhin gewährleistet ist und dass sich die eine Seite nicht minderwertig fühlt im Vergleich mit der anderen Seite.

I: *Stimmt ja, weil die einen denken ja, die können agil arbeiten sind schneller und besser und wir machen das alles auf die alte Art und Weise im Legacy System, das ist auch ein bisschen eine Frage der Persönlichkeit.*

B: *Richtig. Man hat ja hier die Situation, du überlegst als Unternehmen immer, was macht eigentlich mein Geschäft aus und alles was im Legacy Teil ist, da fragt man sich ist das auch irgendwie ein stückweit was nicht geschäftskritisch ist und wenn es nicht geschäftskritisch ist, dann kann man das auch Outsourcing, weil das macht irgendjemand anders auch billiger als ich selbst. Da ist man im Legacy Teil auch immer ein stückweit unter Druck.*

I: *Ok und welche, ich sag mal Entwicklungschancen würdest du denn für bimodale IT sehen? Evtl. vielleicht auch, dass man nicht direkt bimodale IT hat, aber, dass man diesen Trend mit aufnimmt, dass man agiler sein möchte, aber dennoch die Altsysteme nicht abschalten kann, weil die eben robust sind, weil die zuverlässig sind, weil die funktionieren, welche Chancen würdest du da sehen und Risiken evtl. auch.*

B: *Ich sehe weniger das bei den Systemen als mehr in den Köpfen der Menschen. Weil ob die Systeme agil oder klassisch gemanagt werden ist eigentlich egal, Hauptsache die laufen. Aber nur wenn man sich die IT in manchen Unternehmen anschaut, ich glaube der Altersschnitt der IT in der deutschen Bank ist 48 und bei Lufthansa 50 und das sind einfach auch dann Leute die sind 30 Jahre im Unternehmen die kennen ihre Systeme von unten bis oben durch wenn du jetzt denen sagst die* sollen nach Scrum arbeiten weil der Markt das erfordert und er sich verändert hat. Die zeigen dir einen Vogel.

I: *Die machen da nicht mit!*

B: *Ja das ist richtig und das ist ein riesen Problem.*

I: *Es ist wahrscheinlich schwierig die auch umzuschulen, weil die für sich beschlossen haben die machen das nicht mit.*

B: *Sie gehen dann zur Schulung und sagen dann ja das haben wir alles schon mal gemacht. Weil in der Regel gibt es alle paar Jahre eine Umstrukturierung im Konzern. Und wer die fünf, sechs Umstrukturierung mitgemacht haben, dann kommt da so eine Resignation, dann heißt es einfach so ja war alles schon mal da macht mal nicht so schnell, wir sind noch nicht untergegangen, aber das Problem ist, dass die digital Transformation so wie sie jetzt stattfindet wirklich massiv auf klassische Geschäftsmodelle drückt, also so wie jetzt war es eigentlich noch nie. Und deswegen, ich weiß nicht, ob die bimodale IT der richtige Ansatz ist, ich denke es ist eher eine gute Übergangslösung, um in einen agilen teil reinzuwachsen.*

I: *Ja, es gibt auch tatsächlich Studien, die belegen, dass die meisten Unternehmen bimodale IT nur mittelfristig sehen, als Übergangslösung, wie du gerade gesagt hast und langfristig wollen die die gesamte IT Architektur wandeln hin zu mehr Agilität und Flexibilität. Okay, ja wir kommen so langsam zum Ende, jetzt stellen wir uns mal vor, dass ein mittelständisches Unternehmen kommt und die sagen wir haben gehört bimodale IT, es ist eine gute Übergangslösung, wir wollen das unbedingt implementieren und evtl. soll das auch langfristig bestehen. Was würdest du sagen sind so die Rahmenbedingungen, Voraussetzungen, Schlüsselfaktoren um das zu implementieren?*

B: *Weniger die Technik, also weniger technische Aspekte sind da wichtig sondern mehr Governance Themen, ja also definitiv wer, wie wird das Unternehmen gesteuert, lässt diese Steuerung überhaupt agile Prozesse zu? Bei agil ist auch immer das Problem, dass oft Zuständigkeit nicht 100 prozentig geklärt sind. Ich denke der Erfolg hängt davon ab ob die Unternehmensteuerung entsprechend auch das ganze mit trägt. Definitiv!*

I: *Okay, würdest du sagen, die Größe des Unternehmens spielt eine Rolle? ich sag mal ein eher kleines Unternehmen für die ist es vielleicht einfacher agiler zu sein oder bimodale IT aufzubauen, als jetzt ein größeres Unternehmen.*

B: *Ich weiß es nicht, also die Bank hat es recht schnell gemacht, aber es wurde bei uns auch ganz klar von oben nach unten durchgesetzt.*

I: *Also nicht unbedingt?*

B: *Ich würde eher sagen „jein" es hängt weniger von der Größe des Unternehmens ab, sondern mehr vom mindset, auch von der Branche wo du unterwegs bist. Also Rahmenbedingungen was wirklich wichtig ist, es geht einfacher zu implementieren, wenn du einen großen Kontakt zum Kunden hast,* *also wenn du ein Produkt anbietest was Endkundenkontakt hat, was auch einer regelmäßigen Wandlung unterliegt oder wenn du sagst wir können hohe Margen generieren als Bestandsunternehmen wegen unserer Machtstellung, die Banken haben eine relativ hohe Machtstellung, kommen aber jetzt, ich meine was konntest du machen du konntest wenn du eine Bank warst, konntest du bis jetzt wenn du eine Konkurrenz hast könnte der Konkurrent auch eine Bank gründe und auch so arbeiten wie du, jetzt kommen die Technologieunternehmen und schaffen es sich so effizient aufzustellen und so viel zu automatisieren, dass bei denen einfach der ganze Bereich Verwaltung wegfällt, dass sie einfach viel günstiger produzieren könne, weil eine Bank ist ja eigentlich nichts anderes als eine große Datenbank mit einer Marketing Abteilung dran und die dt. Bank eben eine Rechtsabteilung, aber das können auch Google oder Amazon oder Paypal viel schneller, viel günstiger, weil die auch diese alte Struktur nicht hinten dran haben und dieser Druck führt dazu, dass eine Wandlung im Konzern stattfinden muss und das ist eine gute Voraussetzung, um bimodale IT einführen zu können.*

I: *OK, ja die letzte Frage passt nicht so sehr auf Consulting, deshalb können würde hier weglassen. Herzlichen Dank für das Gespräch.*

Transkript des Interviews

ID: 10

Interviewpartner: XXXX XXXX

Unternehmen: YYYY YYYY GmbH

Position: Chief Strategy Officer, (laut Xing: CTO)

Datum des Interviews: 30.01.2017 (35 min)

Abkürzung: Befragte Person (B: XXXX XXXX), Interviewende Person (I: Alexander Pilipas)

I: *Gut, dann stellen Sie sich kurz vor, das Unternehmen in dem Sie arbeiten und auch die Rolle, die Sie in diesem Unternehmen besetzen.*

B: *Okay, mein Name ist XXXX XXXX, ich bin geschäftsführender Gesellschafter bei er YYYY YYYY, YYYY YYYY ist ein Systemintegrator deutschlandweit tätig, im deutschspachigem Raum tätig mit etwas über 400 Mitarbeitern und seit 2008 machen wir agil. Wir beschäftigen uns aktuell sehr stark in unseren Projekten, oder eher mit den Mandaten mit dem Thema digitale Transformation und Analyse von IT-Landschaften. Ja, ich selber habe in sofern eine etwas eigenartige Position, weil meine beiden Kollegen mit denen ich diese Firma gegründet habe, die machen im Prinzip den ganzen* operativen Teil und ich selber bin als Management Coach tätig und schimpf mich „Chief Strategy Officer" und leite so ein bisschen die innerlichen Geschicke der Firma.

I: *Ja, das ist doch, also Management ist immer gut, weil dann haben Sie eine sehr ausgeprägte Fähigkeit das Geschäft im Gesamten zu überblicken. […]*

B: *Wir betrachten in unserer Firma die digitale Transformation als eine klassische normale Geschäftstransformation, die abhängig ist von der Nutzung der IT, das ist ein kleiner aber feiner Unterschied. Wenn ich die digitale Transformation im Unternehmenskontext betrachte, wie Sie das machen, dann ist es die eierlegende Wohlmilchsau und wird schwierig werden, das im Sinne eines Vorgehensmodells zu steuern. Das ist eigentlich eher ein digitaler Wandel, es ist eigentlich eine Absichtserklärung in der Unternehmensstrategie und demnach wenn ich die digitale Transformation etwas runterbreche auf die Ebene einer Geschäftstransformation im St. Gallen'schen Sinne ist gar nichts anderes als die Transformation von Geschäftsmodellen größtenteils mit Hilfe von IT, sei es Industrie 4.0, sei es disruptive Modelle, dann habe ich sofort ein Thema, dass ich ein Programm habe und das ist beherrscht und im Unternehmenskontext spreche ich lieber von digitalem Wandel oder von Digitalisierung von Unternehmen.*

I: *Okay, was sind denn positive und negative Erfahrungen die Sie mit der digitalen Transformation in diesem Kontext verbinden?*

B: *Also die erste Frage wäre erstmal, hat die Firma in irgendeiner Weise eine Digitalisierungsstrategie. Das bedeutet jetzt nicht, dass sie da sein muss, aber gibt es generell im Unternehmen eine abgestimmte Idee was überhaupt Digitalisierung sein soll? Ja und dann kommen wir eigentlich so zu ein paar Problemthemen, die ich so sehe. Das eine ist, die digitale Transformation wird von oben befohlen und jeder legt los und macht seine einzelnen IT Projekte, macht sein Ding, aber es fehlt eigentlich so ein bisschen der Zusammenhang. Die digitale Transformation ist eine Ansammlung von Projekten. […] Ich weiß nicht ob sie es sich mal ein bisschen angeschaut haben, wie die Funktionsarchitektur eines digitalen Geschäftsmodells aussieht, da stellt man fest, dass ich eigentlich das kaum isoliert hab, das heißt ich habe IoT Anteile, Streaming Anteile, ich habe Anteile von Big Data drin und Real-Time Analytics, ich habe Applikationen, die ich umschreibe, ich muss neue Applikationen schreiben für meine Customer Experience also es ist eigentlich eine riesen Soße, ein riesen Matsche an allen Dingen. Ja was gibt es denn noch, da gibt es ein typisches Muster, bei der ist IT der Hüter und der CIO ist der Hüter der digitalen Transformation. Ja, das halte für eine der größten Bullshits, weil da ich ja die Transformation definiert habe als eigentlich eine Geschäftstransformation, muss eigentlich die operative Einheit oder Einheiten letztlich, die verantwortlich sind für den Betrieb, also die Ausführung der Geschäftsmodelle auch dafür verantwortlich sein.*

I: *Also nicht CIO und die IT-Abteilung, sondern das Unternehmen als Ganzes im Prinzip.*

B: *Da wo die Digitalisierungsstrategie am Ende wirkt. Also wenn Sie eine Sparte haben, eine größere Firma mit Spartenorganisation, kann es sein, dass eine Sparte läuft wie immer und eine Sparte verändert sich.*

Ja, es gibt da noch so ein paar ganz spannend Themen, das eine ist Veränderungsmanagement, die digitale Transformation und die Programme, die da ablaufen, die nähre ich und die erfordern, dass Menschen permanent sich auf die Veränderung einstellen und das ist glaube ich ein Change Management Prozess, der ein bisschen unterschätzt wird.

I: *Das ist auch super wichtig glaube ich, mit am wichtigsten in Bezug auf die digitale Transformation.*

B: *Ja und von der IT Seite wird häufig die Komplexität unterschätzt. Also den Aufwand für die Anpassung von Legacy Applikationen. Sie sind ein IT-Mensch, ja?*

I: *Ich bin Wirtschaftsinformatiker.*

B: *Ja Themen wie API-Management, Business Services ist alles klar oder? Ja, und dann stellen Sie sich vor ich habe da meine alten Systeme und baue da meine APIs drum rum und schon läuft es und auf Management Ebene ist es auch sag ich mal easy, ja aber de facto ist es nicht ganz so einfach.*

I: *Nein, das ist ja auch ein riesiger Integrationsaufwand, das unterschätzt man glaube ich auch.*

B: *Ja, also das ist schon öfters so, dass man dann in diese IT Fallen reinläuft. Das heißt, man beginnt große Projekte zu planen und zu initiieren und die werden nie fertig, damit ist das Modell nicht fertig und dann hat irgendwann der Fachbereich keine Lust mehr auf die ganze Sache.*

I: *Ja, wir haben schon ein paar Konzepte und Technologien eigentlich angesprochen, also sie haben schon das Change Management erwähnt. Mir fallen da noch weitere ein. Was glauben Sie, sind die Technologien und Konzepte, die im Rahmen der digitalen Transformation die größte Relevanz haben? [...]*

B: *Ja, also wir sind dann sehr stark wenn bereits die Idee da ist. Eine konkrete Aufgabenstellung wäre, wir müssen unsere Altsysteme mit Sensorik ausstatten damit über irgendwelche Algorithmen die Garagentore rauf und runter fahren zu lassen oder Licht abzudecken und sowas. Dann kommen wir ins Spiel, dass wir sowas von der technischen Seite evaluieren und Lösungsvorschläge machen. Das andere sind würde ich sagen eher Strukturberater. [...]*

I: *Ich würde dann gerne in die bimodale IT einsteigen. Welche Erfahrungen haben Sie denn mit der bimodalen IT gemacht?*

B: *Bullshit!*

I: *Okay, nächste Frage.*

B: *Okay, das war jetzt ein bisschen sehr flapsig, Tschuldigung, also der Ansatz ist gut, es gibt ein Modell für zuverlässiges Arbeiten und es gibt ein Modell für Agilität. Das ist richtig, Analyse gut, aber die Auswirkung davon ist eine ganz andere was eigentlich bimodal impliziert. Also zum einen ist eine Trennung aus technischer Sicht oft kaum möglich. Zum anderen, ändern sich die Modelle. Ein ganz blödes Beispiel, sie haben ihre Komponenten und es kommt eine Gesetzesänderung. Keine*

Ahnung der Mehrwertsteuersatz steigt von 19% auf 24%. Da müssen Sie nicht agil entwickeln, das Sachziel ist 100% beschrieben. Was will ich da interpretieren!

I: *Aber ist es nicht eine gute Möglichkeit für Unternehmen, die agiler sein wollen ...*

B: *Ne ne, das kommt noch. Passen Sie auf, also ich habe da eine andere Sichtweise. Da wird ein Schuh draus. Hoffentlich verwirre ich Sie nicht. So, aber im nächsten Augenblick kann die gleiche Mannschaft, können eine Aufgabe haben, die da heißt wir müssen unser Frontend anpassen, damit wir irgendwelche Produktdialoge besser darstellen können und schon bin ich in einem Sachziel, das eine Vision hat, also ich bin in der klassischen Sichtweise eines agilen Prozesses drin, wo ich sukzessive über die User Stories versuche meinen Anforderungskatalog zuzuschneiden. Also die Kombination ist sinnvoll. Und wenn ich jetzt wie Gartner es proklamiert hat, versuche die Gruppen zu trennen, es gibt die langsame und die schnelle IT [...] das geht schief. Jetzt kommt der nächste Punkt, was eigentlich noch viel schlimmer ist, wenn ich anschaue, dass ich eigentlich diese Idee von Microservices ganz gut finde. Was ich dann brauche im klassischen Sinne ist das Produktmanagement. [...] Der Fehler in der Vergangenheit ist jetzt, dass wir immer über Projekte gesprochen haben, mit wechselnden Teams und riesen Rüstkosten, wir haben keinen Fluß dadrin. Wenn ich aber Richtung Produktmanagement gehe, dann habe ich einen definierten Stamm an Leuten, die dieses Produkt weiter sauber voranschiebt und jetzt bin ich schon mittendrin in ihrem Thema zur bimodalen IT, ich denke ich habe einmal das Thema agile Verfahren, was im Prinzip immer gut sind.*

I: *Ja, das ist ja auch die Stärke, dass man diese Agilität hat.*

B: *Das Thema DevOps ist auch ein Muss, um Geschwindigkeit aufzunehmen. Was hilft mir die Geschwindigkeit, wenn ich zerschelle an den Gateways der Operations.*

I: *Ja, sie haben jetzt schon einige Schwäche und Stärken genannt.*

B: *Ja, was heißt denn in meinem Kontext bimodale IT? Heißt es, dass ich in zwei Geschwindigkeiten fahren kann, heißt es, dass ich im Prinzip nur Agil mache oder mehr agil mache? Das ist ein Punkt den muss ich richtig schön rausarbeiten! [...]*

I: *Ja, ich habe schon oft gehört, dass die Leute von bimodal an sich distanzieren, also von dem Begriff, aber die sagen dann, wir haben dann wenn dann sowas wie multimodale IT.*

B: *Ich kann auch mit agilen Verfahren tatsächlich auch Legacy Applikationen entwickeln, das geht auch und man macht es auch. Es ist nicht so, dass ich nur Projekte habe bei denen ich am Ende jedes Sprints tatsächlich Release Stände nach außen bringe. Es gibt einfach genug Projekte, die über einen Jahr dauern, wo ich wirklich sukzessive aufbauend über Meilensteine Teilabnahmen hinkriege.*

I: *Es hängt dann vom Unternehmen ab, es gibt ja auch Unternehmen, die keine Technologieunternehmen sind und dann keine Software entwickeln.*

B: *Die haben einen Vorteil und einen Nachteil, der Vorteil ist, sie müssen schon von vornerein auf Komponentenarchitekturen gehen, weil sie ja keine eigene Kompetenz haben und der Nachteil ist, wenn sie es nicht gemacht haben, sind sie an ihren Legacy Anbietern gefangen! Sind dann genauso schnell wie der Legacyanbieter ist. [...]*

I: *Was sind die Erfolgsfaktoren, Voraussetzungen, Rahmenbedingungen für eine erfolgreiche Umsetzung der bimodalen IT?*

B: *Ja genau, also erstes Thema wieder, ich würde schauen, gibt es auf Ebene der Geschäftsleitung eine Digitalisierungsstrategie? Gibt es für dieses Thema ein Buy-In der operativen Ebene? Dann würde ich mit den Leuten klären was die Begriffe bedeuten. Also was ist digitale Transformation, dann würde ich besprechen, dass die digitale Transformation ein Programm ist. Jetzt wenn ich soweit bin, dann haben wir den Bereich der dig. Transformation eigentlich organisatorisch erledigt [...]*

I: *Ja, gut, ich bedanke mich.*

Transkript des Interviews

ID: 11

Interviewpartner: XXXX XXXX

Unternehmen: YYYY YYYY GmbH

Position: Architect Digital Transformation

Datum des Interviews: 30.01.2017 (26 min)

Abkürzung: Befragte Person (B: XXXX XXXX), Interviewende Person (I: Alexander Pilipas)

I: *Ja Herr XXXX, danke beginne ich jetzt mit der Transkription. Stellen Sie sich bitte zunächst einmal vor, also was tun Sie, in welchem Unternehmen arbeiten Sie?*

B: *Genau, ja mein Name ist XXXX XXXX. Ich bin 45 Jahre alt. Ich arbeite für zwei Unternehmen. Das eine ist die YYYY YYYY, mein Hauptjob ist die Aufgabe der Digitalen Transformation für IT-Fachhandelspartner, sogenannte Reseller, damit die vernünftig funktionieren und sie zukünftig auch in der Lage sind mit uns Geschäfte zu machen, weil sich vieles in der Welt gerade verändert. Da die YYYY YYYY ist eigentlich nichts anderes als ein Logistiker für IT-Produkte, habe ich noch einen zweiten Job, das ist bei der ISG, bisher hießen wir YYYY YYYY, das ändert sich aber gerade weil wir gekauft wurden, und ich bin im IT-Research zuständig für das Thema Digitalisierung und schreibe dort White Paper und Benchmarks für das Thema Digitalisierung, [...], Mobile Cloud, Big*

Data und so weiter. Meine Historie, ich habe eine IT Ausbildung zum Netzwerktechniker, war später permanent im kaufmännischen Bereich unterwegs und habe mich 2001 entschlossen Netzwerktechnik aufzugeben und bin dann Richtung Business Intelligence gestartet. Relativ früh in 2001 schon, da war ich einer der wenigen Ersten auf dem deutschen Markt, die sich damit beschäftigt haben und ich bin dann für mich in der Logik von BI in 2011 in Richtung Big Data. Viele deutsche Großobjekte habe ich dann begleitet und viel gemacht und bin gerade aus dem Big Data Bereich in dem Thema Digitale Transformation, also was bedeutet es für Unternehmen, was kommt tatsächlich auf Unternehmen zu? Wir durchleuchten dabei nicht nur die Digitalisierung, wie kriege ich also Daten an Prozesse ran, sondern wir schauen uns auf der anderen Seite an, wie kriegen es Unternehmen überhaupt verarbeitet. Thema Social Business Collaboration Platform, Business Process Management aber auch organisatorische und gesellschaftliche Veränderungen. Also wie muss ich mich für die Zukunft aufstellen im Unternehmen, damit ich überhaupt mit der Flut der Daten klarkomme und welche Menschen brauche ich dafür und das geht einher, dass ich auch sehr stark mit der Hochschule in Karlsruhe zusammenarbeite, mit Professor Siegmeier. Der hat da einen Lehrstuhl zum Thema New Work. Also New Work, das sind genau solche Themen, wie mache ich die Firmen organisatorisch so attraktiv, damit die jungen Leute überhaupt Lust haben da sich einzubringen. Und dann im Endeffekt das Thema, wie muss ich Digitalisierung vorantreiben, damit das Unternehmen auch erfolgreich wird. Das so als Rahmen, deshalb sagte ich auch Eingangs. Also was Sie an Fragen geschrieben haben, das deckt so relativ stark mit dem was ich so tue.

I: *Ja das stimmt, ich habe auch in Ihrer Keynote gesehen, dass Sie auch Big Data als Ausgansmotivation verwendetet haben, um dann die Digitale Transformation voranzutreiben und zu erläutern.*

B: *Ja, das kommt halt aus meiner Historie, andere haben andere Ansätze. Für mich ist das aber die logische Quintessenz, die da hinten dransteht, dass man da besser vorankommt indem man Daten [...] Da reicht Big Data manchmal nicht aus, es gibt noch andere Themen, die man auch benötigt. Also man kann es auch nur bis zu einem gewissen Grad machen, schau mal was du findest in den Daten, dann hast du maximal eine Information. Aber daraus eine Liste zu machen, was dem Unternehmen hilft tatsächlich besser zu werden. Dafür braucht man eine gute Business Plattform [...] und das betrifft natürlich auch die Kultur, die organisatorischen Veränderungen.*

I: *Ja, das ist auch völlig legitim und das sehe ich auch so. Ja, ich würde sagen ich steige dann direkt ein mit meinen Fragen, ja bei meiner Arbeit habe ich die digitale Transformation als Oberthema und im Speziellen behandle ich die bimodale IT. Ich habe auch gesehen, dass Sie die bimodale IT in ihrer Keynote erwähnt haben. Ich würde allerdings kurz nochmal auf den allgemeinen Teil eingehen. Da können Sie auch viel darüber berichten, wenn Sie die digitale Transformation definieren müssten, wie würde Sie das tun?*

B: *Im Endeffekt geht es da drum, dass Unternehmen, bzw. es gibt drei Treiber, die die digitale Transformation voranschieben. Das eine ist die technologische Errungenschaft, die wir jetzt einfach haben, also Cloud ist nicht mehr irgendwo in einem Schattendasein, sondern Cloud ist da und es funktioniert und es lässt sich auch sicher und vernünftig für Unternehmen einsetzen. Und genauso* sind auch die ganzen Themen, wie Big Data usw. also die ganzen technologischen Errungenschaften sind einfach reich. Ein zweiter Treiber ist, wir haben einen kompletten Wandel in der Gesellschaft, das heißt wir haben mittlerweile junge Leute da, die nicht mehr bereit sind in dem Bereich Command & Control zu dienen. Menschen heute haben meines Erachtens eine andere Einstellung zum Leben, wenn ich so meinen Sohnemann sehe, der wird jetzt 18, die sind natürlich sehr satt was ihr Lebe anbelangt, denen hat bisher nie irgendwas gefehlt. Und wenn man sich das alles so aus dieser Brille auch anschaut, dann hat man vielleicht auch so in der Maslow'schen Pyramide seine ganzen Grundbedürfnisse gerade alles gedeckt, also was denen noch über bleibt ist eigentlich das Thema Selbstverwirklichung. Selbstverwirklichung heißt natürlich, im Leben und Arbeiten möchte ich mich einbringen können und irgendwo einen Stempel setzen und nicht in den alten Heerschaaren in denen Unternehmen bisher noch arbeiten. Es gibt zwar viele Unternehmen, die sich umgestellt haben, aber es sind einige da. Das heißt, die Challenge, wie bekomme ich mein Unternehmen so attraktiv, dass ich diese Menschen ranbekomme. Das dritte Thema, ich erläutere es so ganz gern über meine Schwiegermutter, die vor ein paar Jahren angefangen hat sich mit dem iPad auseinander zu setzen und mittlerweile ist es für sie eine komplette Lebensveränderung oder Lebensphilosophie geworden. Sie hat mittlerweile eine Einstellung bekommen aufgrund dieser Technologie, warum soll ich etwas kaufen, was mir preislich nicht hundertprozentig passt? Wenn es nicht auf mich zugeschnitten ist, dann habe ich da keinen Bock drauf. Ich habe auch keine Lust irgendwie zu lange auf irgendwas zu warten. Sondern, wenn ich das möchte, möchte ich es gleich. Es muss auch gerade egal sein, wie und wo ich es bestelle. Und diesen Druck, den sie auf Unternehmen ausübt, das üben natürlich die ganzen jungen Menschen auch aus. Wir haben eine Veränderung am Markt draußen, der für mich nicht dieser typische Verkäufermarkt mehr ist, also es reicht nicht mehr aus nur Werbung zu machen und irgendwann kommen die Leute und kaufen dann halt, weil man tolle Werbung gemacht hat, sondern die Menschen sind aufgrund der Technologie viel mündiger geworden und sehen vor allem auch was es alles gibt und somit ist die Entscheidung wann sie kaufen, was und wo sie es kaufen vor dem Gefallen als die typischen Heerscharren des Marketings und Vertriebs auf die Leute treffen. Das heißt die Entscheidung wird heute viel früher getroffen, also wir haben heute einen Käufermarkt und der diktiert was er haben möchte. Das übt Druck auf das Unternehmen aus, insofern, dass die Unternehmen mit verschiedenen Ansätzen der Digitalisierung sprich, sei es kognitive Intelligenz, sei es 3D-Technologien, sei es Industrie 4.0 was in Deutschland ein riesen Thema ist, oder auch das Thema IoT reagieren, um ihren Prozess soweit zu digitalisieren, damit sie den Wünschen der Menschen stärker nachkommen. [...] Die Unternehmen versuchen momentan Prozesse in irgendeiner Art und Weise so weit zu automatisieren und zu digitalisieren, damit sie von der Performance und von der Kostenseite her, überhaupt dem Markt noch gerecht werden können. Also meine Meinung ist, dass alles was in irgendeiner Weise digitalisiert werde kann, wird irgendwann auch digitalisiert werden.

I: Ja das stimmt, man hat ja mittlerweile Informationsasymmetrien, weil ich kann innerhalb von 5-10 Minuten ins Internet gehen und alle Angebote miteinander vergleichen. Wo ich früher das ganze vielleicht nur über einen Bekannten bekomme, kriege ich mittlerweile im Internet alles.

B: *Genau, ja es gibt Segmente, die haben da auch schon reagiert, also vor allem das etwas moderne Marketing die sind viel stärker in die Situation gerückt, dass sie die Kaufentscheidung maßgeblich beeinflussen müssen, dass sie sie rechtzeitig abholen und da gibt es ganz viele digitale Marketingagenturen, die das hervorragend machen. Das ist dann im Endeffekt deren Aufgabe wie kriegen sie die Kunden vorbereitet, dass sie am Ende derjenige sind der dann die Unterschrift abholt. Hier in Köln haben wir eine Veranstaltung, ähnlich der Cebit für die IT, ist das für die digitalen Agenturen. Das sieht man schon relativ stark wie sich da das ganze Thema komplett verändert hat. Das ist eine der Fachabteilungen, die sich sehr stark angepasst haben.*

I: *Ein Unternehmen muss ja zunehmend agiler werden und eine Möglichkeit wie sie das schaffen können ist das Konzept der bimodalen IT. Oder welche anderen Technologien sehen als relevant an, in Bezug auf die digitale Transformation.*

B: *Ja, also das Konzept der bimodalen IT, das trage ich mit. Das hat aber auch Gründe, ja mein Arbeitgeber lebt im Grunde von diesem Thema. Das Ziel muss es natürlich sein den Mode 1 zu pflegen und den Mode 2 mitaufzubauen und das den Unternehmen aber auch schlüssig zu machen. Die Herausforderung ist, ja wenn ich bimodal habe, und das auch platziere, dann muss ich meine IT Abteilung verändern. Weil die Mitarbeiter, die bisher dafür gezahlt wurden und auch einen hervorragenden Job gemacht haben die letzten Jahren, die dafür bezahlt wurden, dass sie IT Systeme instand halten und verbessern, die brauche ich an der Stelle für Mode 1 nicht mehr. Wenn sie das nachlesen möchten ich habe da auch eine Folie mit drinnen, da ist auch eine schöne Beschreibung von Forrester, wie die 8 Rollen der IT der Zukunft aussehen. Diese Rollen, dass ich einen User Experience Manager habe, einer der sich auch so ein bisschen mit dem Fachhandel auseinander setzt und ihn auch in kleinen täglichen Aufgaben unterstützt. Dass jemand in Mode 2 vielleicht in einer Stunde eine komplette Umgebung für den Kunden angelegt hat, wo er dann auch Entwicklungsarbeit mit reinstecken kann und den Kunden dabei auch unterstützt. Also allein solche Rollen, die gibt es aktuell nicht. Es gibt ganz wenige IT Abteilungen aktuell, die solche Sachen anbieten können. Was wir im Research im Moment ganz stark merken, das Thema Schatten-IT. Wir gehen davon aus, dass in diesem Jahr die ersten Schatten-IT Strukturen so mächtig sind, dass es eigentlich die reale IT wird. Das ist dann die Frage, was passiert dann mit der traditionellen IT, die wir bisher haben. Und wir haben in unserem Unternehmen schon, und das haben wir ganz intensiv verspürt wo Fachhändler zu uns kamen und sagten „wir haben unser Konstrukt so, dass es einen neuen IT-Verantwortlichen gibt, der nennt sich auch nicht ITler, sondern der heißt auf einmal Chief Data Officer oder Chief Digital Officer und wir haben die alten Mannschaften quasi entsorgt." Das bisschen traditionelle IT wird im Moment noch durch eine Dienstleistung supportet, aber die stellen nach und nach ihre Strukturen so um, dass sie irgendwann gar nichts mehr haben werden. Das haben sie dann alles in irgendwelchen Clouds oder Rechenzentren und damit ist die traditionelle IT auch raus. Die traditionelle IT hat auch natürlich das Problem, dass sie den tatsächlichen Mehrwert sehr stark ausklammern und sich nur noch um die Pflege und Backup der Systeme kümmern. Das ist einfach zu wenig. Ja also bimodal ist ein Weg, ich kenne Two-Speed IT bei IBM, Agile IT bei* cisco, das ist alles ganz nett, aber es wird nur dann erfolgreich werden, wenn sie auch die Grundeinstellung der IT-Abteilungen verändern. Sie müssen einfach auch anderen Menschen mit an Bord nehmen sonst wird es nicht funktionieren. [...]

I: *Ja, das ist schon interessant, das ist so die Quintessenz, die ich bisher aus allen Interviews mitnehmen kann. Also dieser Humanfaktor, dass der super entscheidend ist, wenn man so eine bimodale IT einführen möchte, dass dieser Mindset geschaffen wird, dass die Mitarbeiter da mitziehen.*

B: *Ja, das ist auch definitiv so, man arbeitet auch mit den Ängsten der Menschen. Ja die haben bisher ihren Job gut gemacht und jetzt auf einmal müssen sie sich mit etwas beschäftigen, worüber sie bisher eigentlich noch gar nicht nachgedacht haben. Wir hatten im Rahmen der ISG mit dem CIO der Rhein-Metall zu tun und er hat es glaube ich umgestellt. Er hat es glaube ich schon jetzt oder vielleicht vor zwei Jahren schon, die IT als Dienstleister des Unternehmens aufgestellt, der hat auch kein eigenes IT Budget mehr, sondern er ist die zentrale Figur mit seiner Mannschaft, die dafür sorgt, dass alles was mit agilen IT-Prozessen auf einer vernünftigen Datenbasis einer auch zugreifbaren Basis läuft und nicht, dass es irgendwo eine Schatten-IT gibt und man hat da gar keinen Durchgriff mehr und dass vor allem die Security stimmt. Er hatte von der Geschäftsführung da auch die Freigabe und alle Fachabteilungen, die irgendeiner Art und Weise anfangen sich zu digitalisieren, besprechen das ganz frühzeitig mit ihm und seiner Mannschaft. Also das ist schon hochgradig modern und da gibt es wohl relativ wenige die so agil sind. Ja, es gibt da den Vögele, der CIO von adidas, der hat letzte Woche im CIO Magazin auch über dieses Thema etwas geschrieben. Das klang auch sehr sehr spannend und auch sehr fortschrittlich. Aber bisher gibt es halt ganz wenige nur, das Problem ist halt die Lethargie, dieser alter CIOs die halt in ihrer Bequemlichkeit vor sich hin machen.*

I: *Ja, ich habe auch den Artikel überflogen.*

B: *Ja, also das ist sehr spannend, man merkt schon, dass es welche gibt aber der Großteil der Menschen ist im Moment einfach noch nicht bereit. Ja, ich habe die Zahlen jetzt im Research Meeting letzte Woche gesehen, das sind über 1000 Analysten, die da diese Informationen zusammentragen. Das ist ein Thema ganz klar, also die Plattform Thematik schiebt immer weiter nach vorne, das heißt also das was man vielleicht mit Two-Speed IT aufbauen könnte für die Abteilung, das ist natürlich auch ein Faktum was wir sehen draußen, das ist die Plattform von Bosch oder IBM, also egal, das sind unterschiedliche Player, die da unterwegs sind. Da wird vieles angeboten, was dem Unternehmen auch schon relativ leicht macht die Digitalisierung auf der IT Seite voran zu treiben.*

I: *Ich würde jetzt gerne von Ihnen wissen, was sehe sie als Hauptstärke oder Hauptschwäche der bimodalen IT.*

B: *Also, stark sehe ich auf jeden Fall die Thematik, dass sich wenn es die IT aufnimmt, dass sie sich damit beschäftigen müssen und dann in diese Automation reinkommen. Das ist auch eine Chance, dass sich die IT aus ihrem Schattendasein langsam rauskommt. Die Gefahr ist die, ich weiß nicht, ob jeder das auf die Kette bekommt, intern so eine bimodale IT tatsächlich aufzusetzen. Also auch* technologisch. Es gibt für gewisse Branchen mittlerweile hervorragende Plattformen. Industrie 4.0 Plattformen, die immer mehr auf den Markt drängen oder sei es auch die im Bereich IoT und was wir festgestellt haben, es wird immer mehr dieser Plattformen geben. Das war nicht immer der Fall, also die haben angefangen sich zu spezialisieren und connecten sich auch untereinander. So eine Bosch IT Plattform arbeitet auch relativ gut mit einer IT IBM Plattform zusammen. Man kann sich auch bei diesen Themen gut zusammensetzen. Da sehe ich also die Gefahr, schafft es die interne IT, tatsächlich das am Ende zu überreiten und macht es dann Sinn, dass sie dann intern im Rechenzentrum solche Umgebungen aufbauen. Mit Sicherheit sind das auch politische Geschichten wo Geld reinfließen wird, wo sie es machen werden, aber ich sage mal für die breite Masse ist es eher so, dass es wahrscheinlich einfacher ist eine traditionelle IT mit einer IoT-Plattform außerhalb zu verheiraten und da als man-in-the-middle zu agieren, die dann dafür sorgen, dass alles sauber läuft. Ich war letzte Woche 2 Tage auf einem IBM Kongress, da hat man das auch so rausgespürt. Diese Plattform ist natürlich hervorragend aufgestellt und die arbeiten auch immer mehr an Mechanismen, dass die Integration der bestehenden Mode 1 Landschaft quasi kommt. Man kann es aber auch intern ausbauen. Da sehe ich die Gefahr, da sind welche Plattformen schon so stark auf dem Markt, dass es für die ein oder andere Abteilung wahrscheinlich nicht machbar ist intern den Mode 2 aufzubauen. Was am Ende auch bimodal ist, wenn man es so nimmt, ich habe immernoch den alten Modus und hab den neuen, da ist der agile Modus halt durch diese Plattform hinzugekommen und ich muss dann halt sauber managen. Wenn man sich dann so die Hersteller anschaut, zum Beispiel Firma NetApp, das ist ein Storage Hersteller und die sind mittlerweile auch mit Software unterwegs. Das Produkt von denen ist mittlerweile schon so aufgestellt, dass ich halt ohne weiteres so eine dritte Plattform miteinbinden kann. Übrigens eine EMC ist auch so eingestellt, die haben auch solche Mechanismen, die Mode 1 und Mode 2 zusammen verheiraten und dann habe ich auch bimodal.

I: Okay, dann würde ich sagen letzte Frage, weil Sie müssen dann um 12 auch weiter. Allerdings keine ganz einfache Frage. Also welche Rahmenbedingungen, Voraussetzung oder Schlüsselfaktoren sind notwendig, damit so eine bimodale IT implementiert werden kann.

B: Das ist eigentlich relativ simpel, ich brauche eben die Offenheit und Verständnis auf der IT Leitungsebene und in dem Moment, wo sie dafür offen sind wandern sie sich automatisch auf die Bedürfnisse, also allein auf das Business, es muss ein Mind Change stattfinden. Sie müssen tatsächlich bereit sein und auch in der Führungsetage diese Umwandlung wollen und ich muss auch schauen, dass ich die richtigen Menschen an Bord habe. Habe ich das, dann habe ich das Fundament dafür geschaffen, dass ich da vorankomme und das heißt eben dann, dass ich mich, also auch ein Schlüsselfaktor wird sein: Thema Security. [...] Es wird einer der bedeutendsten Faktoren sein, dafür dass das Ding vorankommt. Was dann auch hilft automatisch das Mind Set der IT Abteilung zu verändern. Wenn man das nicht schafft wird die Schatten IT dann immer stärker werden.

I: Okay, dann würde ich sagen, wir hören pünktlich auf, dann haben sie Zeit sich auf den nächsten Termin vorzubereiten. Vielen Dank!

Transkript des Interviews

ID: 12

Interviewpartner: XXXX XXXX

Unternehmen: YYYY YYYY

Position: Management Consultant

Datum des Interviews: 30.01.2017 (27 min)

Abkürzung: Befragte Person (B: XXXX XXXX), Interviewende Person (I: Alexander Pilipas)

I: *Yeah, so actually my thesis is about the digital transformation as a whole and then I take a special look at the bimodal IT architecture. I think you said that you are not very familiar with that topic called bimodal IT. But I still said, okay, I think I can still get some insights from you about digital transformation and stuff like that. So, yeah, just feel free to answer, like, well there is no right or wrong, so actually you can just talk about your experience in those topics. Please introduce yourself, your company and the position that you have in that company.*

B: *Yes, ok, so my Name is XXXX XXXX and I am currently Management Cosultant for a company called YYYY Consulting, so YYYY Consulting is a small department of a bigger larger group called YYYY Solutions and Services and YYYY in general is an IT service provider so they are a global company and they deliver many different sort of services to customers. From outsourcing, to installations, to integrations, to implementation of platforms, infrastructures and what YYYY Consulting does in general is, we have let's say two aspects of our business we bring strategy to customers, we're trying to implement better strategies, we try to enhance the provisos, we implement changes, we do change management we do some support for project management and we are also having a strong orientation towards IT and digital transformation and platforms. I am personally working on digital transformation for YYYY Consulting and I am working mostly to the platform topics, so how do we build a strategy for platforms for our customers and then how do we assess the requirements of those customers, what do they need, what would be the benefits that they would get from that platform, who would really need it and what data do they need for that platform to work.*

I: *Alright, so, I think that maybe, maybe you have heard about the bimodal IT architecture. Haven't you?*

B: *Alright, so I did google it, so when you, I am really not familiar with it, but is it what you refer to as when you have rules for IT that are not followed by a few people, just because it's faster not to go to the normal process. Or has it nothing to do with this?*

I: *No I think, bimodal IT is more like a whole concept, you have like actually at the moment a lot of companies, who have that legacy IT which is working fine but it might be very slow, and some companies, they want to get closer to customers, be more agile more flexible and that's why for them sometimes the bimodal IT architecture is the solution for the problem. So what you have is, you have two architectures, one is the legacy IT, it's the process like it was before and then you have the second IT architecture which is more flexible more agile. That is the whole thing about the bimodal IT. But let's just talk about the digital transformation first. Because I have prepared two parts, the first part is digital transformation as a whole and the second part is the bimodal IT. About the digital transformation, you as a consultant what experiences have you made of digital transformation. Maybe you can also talk about positive and negative experiences.*

B: *Okay, so I think the digital transformation, at the moment, is a very very strong buzzword. Everybody wants to do it, and it's not only, I mean there's two sides of it. There's the side of the companies, our clients, they know that they have to do the digital transformation. But they don't really know how to do it. And digital transformation can mean many many many things. In itself it's a very large concept, it only means, you have to bring technology to your entire process and that goes from buying, supply, and then planning how much you going to produce to producing it with new technology, which is just technology, but I mean we've been using technology for years and years now. It has only now become a buzzword, but technology has always been there. And then it goes a bit further and then it goes to the sales platform, the integration from all the data from supply chain into sales and then back to procurement and then the production just to integrate all this data, and then it also goes to the level of customer. How do you make sure, you have a multi-channel experience? How do you make sure you have the customers, they go on the website have the exact same experience as when they go on their mobile and when they come in your shop and when they just call you. A lot of companies are aware of this, but they just don't really know what to do because it's very beautiful to say, you need a digital transformation, but digital transformation is just too generic.*

I: *So they feel like they have to change something, but they don't really know how and what exactly they do have to change.*

B: *Exactly, exactly. And I think that it is really important that we as consultants we have to guide them to make them .[...] what do they actually want? We have usually two sorts of customers, the customers that exactly know what they want. They say I need a new planning software and when you dig a little bit more then you realise they have a much bigger problem than that. And our role is to show them that they have a bigger problem than that and that we need to expand the scope. And then you have the other sort, they are like just, okay, I don't know what to do, but we just want to get digital. And we have to show them on which area they have issues and where they can benefit from the digital transformation. I think the second big trend is that it is a big let's say buzzword, that every single consultancy, every single company, every single IT service provider, everybody wants to do digital transformation. Without really knowing what it means.*

I: *And that's why I have the next question. Which is, what does digital transformation personally mean to you, because like you said a lot of people have a different definition of that buzzword. How would you define the term?*

B: *For me, what is most important is that it is just information. How you manage to make information available in your entire company and you don't have it separated from a department to another one to another one to another one that sales discuss with IT that discusses with procurement, that discusses with production, that discusses with after sales. They all need to share their information, the moment they share this information, they can have a much much better service and this also means information that you collect from your clients, if you know your clients, if you know who they are, what they look like, where they go, which social media they are using, what they like, then you can deliver a much much better service to them.*

I: *Alright, maybe we can head to the next questions. When you think about digital transformation, which technologies or concepts are for you personally the most relevant in context of that topic.*

B: *Ok, so here I am a little bit biased, because I am not an IT person, on the start, so obviously when you tell me digital transformation, what I think I love to work on and I think is most important to me is this big data topic, it is multi-channel integration, it's e-commerce, it is, and again you know Big Data is exactly what I was meaning, is information, how do you collect the information and then you reuse it in an intelligent way, and then it goes to you have the data, and big data is very closely linked to the concept of Analytics, how do you use methods and technology and mathematics and models to enhance and predict the future and you have advanced analytics that not only predicts the future, it uses past experience and current information that they also build models that allow them to advise companies on what they should do. It gives, you know when you look at cloud computing, I mean cloud computing has been around since so many years, it's nothing new, it's not what makes me, let's say, this is not what I think is so cool and amazing that you need to tell the customers, cloud computing is old now. You know you need to bring something fresh and Big Data is the big thing, if companies do not use the power of big data, they not use what it is already available, the information in social media etc. they will not survive. Because other, then going to do it, they're going to deliver a personal life experience for their customers and if you just deliver something everybody else does, nobody is going to buy.*

I: *Yeah, I also think that a lot of companies have trouble to actually make something out of their Big Data, because everybody is collecting a lot if data, but there will come a point where they don't really know how they can use it and I think there's a big issue there.*

B: *Exactly, you're completely right.*

I: *So Big Data, is actually also a buzzword and business analytics and business intelligence is also very important in that kind of area. But I think Big Data is also not very new, what do you think?*

B: *No, it's not, what is new is that we are finally learning to use it. The data has been there, I mean the data always been there. But obviously with the development of social media and the development of everything being today online, every transaction you do, e-commerce is a source of Big Data, before people were buying things in the shop, you know you didn't collect anything, but now you know Mister X has been in that shop on that day and after that he bought the same product online because he could find it cheaper. How did he find it cheaper? Because that friend of him told him about that website and you're able to build chains of information and you know how do people actually buy and when you understand that you can address people right at the start.*

I: *Ye, that's absolutely right. What do you think about let's say AI or Machine Learning, is it also something relevant for you.*

B: *Machine Learning, yes, it is definitely, it's a bit linked to Big Data. Very often when you use Big Data you also have IoT-platforms and so the internet thing is a big thing at the moment it brings a lot of changes in the industry mostly in the manufacturing industry at the moment, it will develop, it will expend to others, it is coming because, and you see a lot of new Platforms that are coming for IoT. [...] Siemens just created one, you have SAP that just created one, and they are definitely going in there but the difference is IoT at the moment, at this stage is still at a young stage, because it is still at this stage where it is mostly in creating efficiency, you can reduce cost if you have IoT-platform, you can have predictive maintenance, you know when you have servers it won't avoid you stopping your chain of production in advance, you avoid breakdowns you have quality enhancements. Well Big Data and digitalization in general helps you not only create efficiency but also to create complete new business models. And IoT at the moment is not so much into creating new business models, like Uber and you know all those businesses which come from digitalization. But it will come, but not yet.*

I: *I have the feeling that big data is some kind of a very big topic and within that topic you have something like IoT and industry 4.0. Am I able to say that Big Data is some kind of overview, like it's representing a whole picture.*

B: *To be honest, it's very hard because they are on very different levels. Analytics is related to big data. Analytics is not only about big data and you can have analytics on a very small set of small data. You don't necessarily need a lot of data for analytics to make sense. And the same with IoT, maybe IoT has nothing to do with Big Data, because what you collect from your machines is not really Big Data. I mean maybe you just want to know whether your machine is on or off, whether it's producing or not. So they are very different concepts. They are related, yes of course, but I wouldn't say that everything falls under big data. I would just say that they work together.*

I: *What do you think of Social Collaboration Platforms. Is it a big thing for the future for many companies?*

B: *Well, I think it is, but to be fair I don't think it's going to have so many great changes. It's not going to have such an impact. I mean I can use an example we have here. YYYY was actually very strong at that zero e-mail topic. I don't know if you read anything about it but you can look at it. YYYY was supposed to be a zero-email company by 2015 and the way it did that was to create an internal social media software and everybody was supposed to use it and it was a complete failure. Nobody used it, nobody wanted to get rid of emails. Social media is good, but I don't think they will change so much our way of working. Not inside companies. The way people work is not so much impacted by social media. The way the companies address their customers. it is definitely. But this is a complete different topic.*

I: *Doesn't social collaboration have a lot of advantages?*

B: *[...] To be fair, social media in a company brings a lot of things, but today these tools exist. You have email services, you can call people, you have SharePoint. They have been around, it's not so new. The thing is. These social tools they work great, and are great for young dynamic agile IT-Start-ups and new companies. But as soon as you go in big big companies, the costs of changing* *their way of working is so high, and it's really really hard, and it takes a lot of time. It will probably come, but I don't see that being happening in the next 3 to 5 years, I mean I've seen it, I've tried to change it, but it's such a hard thing to move. It's really hard.*

I: *Yes, actually the situation, that you've just described is calling for the bimodal it, because a lot of big companies they can't change the whole IT to get more flexible and agile, but what they do is, well some of them, they are creating think tanks or digital units or something similar. Or they create a whole new, let's say side of the IT. And this side is working more flexible and agile and they use some tools like social collaboration. They want to decrease the time-to-market. And well, this is what the bimodal IT is about.*

Maybe I can ask you some questions about that, too?

B: *Sure, but I don't think there is much I can say about it.*

I: *Okay, so obviously, you didn't know the concept of bimodal IT. And well it is actually not a very big thing, because, I think it was 2 or 3 years ago, it was an idea of Gartner and they said like you have those two IT architectures, the legacy IT and the flexible agile IT and there are a lot of people who discuss it very controversially. There are a lot of proponents and adversaries. And that's why I want to analyse what kind of strengths, weaknesses, chances and risks does that IT architecture have.*

My first question would be. What do you think are strengths and weaknesses of that bimodal IT architecture?

B: *Well honestly, I don't think that's a whole new concept. Things have always been like this and I think you have heard about this concept called shadow IT, which is a big risk of that two-speed IT. It sounds for me like you are just bringing shadow IT into the light. The larger the organization the more you have a need for this, because it is just impossible sometimes to just change a website because you have to go through so many processes and the world is changing super fast, so I completely understand how important that is, and I think the big challenges of that is that you will have an issue, when you want to bring the two worlds together. Because people you know, it's like every time you have two different SharePoint, every time you have two different ways of doing things or two different ways of contacting people, you know you spoke about collaboration, one example I can see here: You have your good old emails and then you also have the possibility of sending a document via instant messaging, and then when you work on this documents you're just going to end up with not knowing where your documents are stored or who has the latest version. It's a very basic example. But it just creates a lot of mess. To start it's a great idea, but then at some point if you didn't exactly define what goes where and put the boundaries, then you're just going to end up with a big mess and I think a bigger mess than what you started with. So you really need to know what you're doing.*

I: *Yes, and I think for a lot of people who work let's say in an old-fashioned way, it's hard for them to change completely towards that new approach. I think it's a big risk actually, because there are a lot of people working in that company who just don't agree to that new style of working.*

B: *Oh yes! And then you have things like, you know when you are speaking about a global company, then it's getting worse. [...]*

I: Okay, I think I have collected a lot of insights! Thank you very much for that call. Have a nice day, bye.

Transkript des Interviews

ID: 13

Interviewpartner: XXXX XXXX

Unternehmen: YYYY YYYY GmbH;

YYYY YYYY Austria

Position: Geschäftsführer; Teamleiter

Datum des Interviews: 02.02.2017 (36 min)

Abkürzung: Befragte Person (B: XXXX XXXX), Interviewende Person (I: Alexander Pilipas)

I: Ja stellen Sie sich bitte kurz vor und gehen Sie auch auf das Unternehmen ein und die Stelle, die Sie in diesem Unternehmen einnehmen.

B: *Ja, mein Name ist XXXX XXXX, ich arbeite bei der Firma YYYY YYYY, das ist der IT-Provider des französischen Konzern der franz. Gruppe, wir sind in Österreich etwa 400 Mitarbeiter, in der Robotik 8000, die unter dem Namen YYYY YYYY auftreten und wir beschäftigen uns mit IT-Themen quer durch den Gemüsegarten, das heißt wir haben IT-Infrastruktur, d.h. alles was in einem Datacenter grundsätzlich an Hard- und Software steht. Von Servern, über Backup-Lösungen und wir haben auch einzelne Applikationen im Angebot, also wir sind Partner im Bereich SAP zum Beispiel und wir haben auch eigene Softwarelösungen. Für die Speditionen und Paketlogistik zum Beispiel. Wir haben auch im Bereich Kooperation, also alles was mit Datenkommunikation zu tun hat, also auf Netzwerk, aber auch Applikationsebene die dann bis hin zu Lösungen wie zum Beispiel Microsoft sind. Quer über alle Bereiche ist das Unternehmen aufgestellt und ich bin im Bereich Digital Transformation zuständig und auch das Thema bimodale IT ist so ein Schlagwort den wir uns nicht verwehren können und dementsprechend müssen wir auch hier uns aufstellen bzw. mit unseren Kunden sprechen.*

I: *Ja das ist schonmal sehr gut, ich habe das Gespräch in zwei Teile gegliedert wo es zunächst mit dem allgemeinen Teil losgeht und dann tatsächlich geht es über die bimodale IT.*

Ja digitale Transformation in Organisationen, was für denn für Sie der Ausdruck digitale Transformation bedeuten.

B: *Ja, also die digitale Transformation von der gerade im Moment gesprochen wird ist für mich so stark ausgelöst durch spezielle Technologien, der nun zur Verfügung stehen und die Auswirkungen sind dann entsprechend in Organisationen. Ob es jetzt dann die Organisation selber ist, ob es Geschäftsmodelle sind, ob es Gruppenbeziehungen sind, ob es die Mitarbeiter sind. Die Auswirkungen sind sehr vielschichtig und das macht es im Endeffekt sehr schwierig. Ein gewisser Treiber wie gesagt ist die Technologie, die auf dem Markt ist und die auch Anwendung findet, sowohl im Unternehmens- aber auch im privaten Bereich und somit ein Leben lang ein Treiber ist für das Thema, so würde ich das grob beschreiben. [...] Also für mich ist eigentlich ein klassisches Change Thema, von Grund auf wenn ich das Thema behandeln will und nicht nur ein reines IT Thema. Ich sehe das nicht nur bei uns, weil eigentlich alle IT Firmen betroffen sind. Da ist es unbedingt erforderlich den Mindset im Gesamten dahingehend zu ändern, wenn man in diese Richtung gehen würde.*

I: *Das haben auch tatsächlich viele Interviewpartner auch gesagt, eben dieser Humanfaktor ist da entscheidend. Welche Erfahrungen haben Sie sonst noch gemacht in Bezug auf die digitale Transformation? [...]*

B: *Also unmittelbare Erfahrungen habe ich in der Rolle natürlich noch nicht gemacht. Die Rolle wurde mir im letzten Jahr angeboten und ich wurde gefragt ob ich es machen will und es klangt auch super interessant. Aber es war auch sehr rasch erkennbar, dass es ein Versuch war mit einer Person, eine Proforma Aktivität zu starten was sehr unrealistisch für eine Person ist. Also, dass eine Person eine ganze Firma so transformieren kann. Und somit kann ich die vielen Aussagen aus der Theorie bestätigen, dass das nicht mit einer Stelle möglich ist. Ich brauche insgesamt im Prinzip das gesamte Unternehmen, aber auch das Commitment des Top-Managements. Also wenn die nicht 100% dahinter stehen und auch die Treiber sind, die im Endeffekt, sie müssen es nicht operativ machen, aber sie müssen ja ständig die Organisation vorantreiben, dann wird es nicht funktionieren.*

I: *Ja klar, ich kann es mir auch kaum vorstellen, wie das mit einer Person funktionieren soll.*

[...]

B: *Es gibt Kunden im Banken und Versicherungenbereich, die sehr stark und sehr rasch getroffen wurden von diesem Thema, auch der Handel, die sind für mich so diese Top Branchen. Ein Kunde von uns, ein großer Händler, er hat sehr rasch damit begonnen auch Investitionen in diese Richtung zu treiben.*

I: *Wenn Sie an digitale Transformation denken, da haben Sie sich sicherlich mit ein paar Technologien oder Konzepten auseinandergesetzt. Welche halten Sie für besonders relevant? (Aufzählung Schlagworte)*

B: *Ja sicherlich die schon angesprochenen, für mich auch Big Data ein sehr viel gebrauchtes Schlagwort aber nichtsdestotrotz steckt viel dahinter. Es geht auch ein bisschen um die Flexibilität wie ich mit diesen Daten umgehe. Viele sehen Big Data als das klassische Analyse-Reporting Tool, das sich in den letzten 10-20 Jahren etabliert hat und das ist es im Endeffekt nicht. Die Flexibilität, dass ich diese Datenberge habe und es auch mal nutzen kann. Für mich sind es dann Standardreport, die ich jeden Tag oder jede Woche bekomme und das auch die Erfahrung in den Unternehmen, ja Big Data, das hat was mit Analytics zu tun und da habe ich doch schon was und da kann ich noch etwas dazugeben. Eigentlich geht es darum auch flexibel und ad hoc Informationen zu bekommen, die ich dann auch wieder sofort in meine Geschäftsprozesse einfließen lasse. Also ein Beispiel aus dem Handel wo es eben darum geht, sobald der Kunde zu mir in den Shop kommt, dann weiß ich was er heute schon auf meiner Webseite gemacht hat zum Beispiel. Die 360 Grad Betrachtung eines Kunden, das ist denke ich für mich auch ein Schlagwort, welches natürlich auch mit Big Data zusammenhängt, weil es geht um Daten, die ich über meine Kunden habe, über seine Aktivität oder auch seine Vorlieben, was macht seine Peergroup grundsätzlich, was sind so Themen, die ihn interessieren. Also rund um das Thema Daten, sind für mich da so Top Themen. Dieses Cloud Thema ist für mich eher so eine Möglichkeit, wie ich schnell zu diesen Lösungen auch komme. Manche sagen „für mich geht es nur mit Cloud", bei manchen nur in Teilbereichen. Bei manchen wird es ganz schwierig mit Cloud Lösungen. Es gibt natürlich die rascheren Antworten aus der Cloud und für mich auch eher standardisiert, rasche kürzere Innovationszyklen, die über Cloud Lösungen möglich sind. Die sozusagen in der On-Premise IT Inhouse oder auch Outsourcer betreibt, da wo es langjährige Innovationszyklen und auch große Abhängigkeiten gibt und Widerstände, warum kann ich das jetzt nicht machen. Mit Cloud bin ich durchaus schneller unterwegs.*

I: *Viele setzen auch auf die hybride Cloud. Was halten Sie denn von der Two-Speed IT oder bimodalen IT, als ein Konzept, welches im Sinne der digitalen Transformation auch dazugehört.*

B: *Ja das sehe ich in Kombination mit dem hybriden Ansatz, weil das sind so Themen, ja das Containerschiff zieht die fixe Spur im Meer fährt sehr konstant ist aber schwer manövrierbar und das Speedboat, das wirklich schnelle Antworten, schnelle Lösungen liefert und das ist für mich auch umgesetzt auf die Applikationslandschaft von Unternehmen. Das ERP-System, da haben wir auch sehr viele Kunden in dem Umfeld im Bereich SAP, das ist so ein Containerschiff ein träges, das stabil und kontinuierlich seine Arbeit tun muss, aber nicht unbedingt geeignet ist, um rasch irgendwelche individuelle Anforderungen umsetzen können. Genau hier passiert auch die Trennung, das ist auch die Trennung im Betrieb, d.h. ERP Lösungen on-premise oder private Cloud und eben Lösungen wie die Kundenbeziehungen managen, vielleicht wenn man in der Supply-Chain spezielle Lösungen abbildet. Also da sehe ich schon die Anforderung von dieser Two-Speed IT, also aus meiner Sicht ist das Konzept wirklich schön und nett, aber ich bin auch mit der Realität konfrontiert, dass das auch gemanaged werden muss. Aus meiner Sicht wird es nicht einfacher, es wirkt zwar nach außen hin* *einfacher, aber wir sprechen hier von verschiedensten Applikationen und Systemen, die im Idealfall alle zusammen einen Prozess abbilden sollen, das heißt wir reden von Schnittstellen und die muss ich ja managen, die Daten müssen von A nach B kommen und ich brauche auch einen Material einen Lieferanten, einen Kundenstamm. Die müssen alle in den verschiedensten Systemen gleich sein und somit habe ich die Themen, die ich auch schon früher hatte, ich muss schauen, dass ich die gleichen Ids habe, um dann zum Beispiel in den Auswertungen auf Knopfdruck verfügbar zu haben. Das ist die große Challenge, dass diesen Zoo an vielen Lösungen zusammenzuhalten und unter einen Hut zu bringen.*

I: *Ja das stimmt. Wir sind jetzt auch eigentlich schon bei meinem Schwerpunkt. Bei der bimodalen IT. Ich nehme an, das waren jetzt so Erfahrungen, haben Sie noch weitere Erfahrungen zur bimodalen IT gemacht?*

B: *Wir betreiben auch Data Center für Kunden in Wien, wo wir viele Kundensysteme betreiben und da geht es natürlich auch in diese Richtung, dass wir uns intern so aufstellen müssen, dass wir auch den Anforderungen entsprechend auch diese Two-Speed IT abbilden. Auch wenn es Two-Speed IT heißt muss der ebenfalls der langsamere, stabilere Teil auch schneller werden. Das heißt wir müssen automatisieren und durch die Trennung von diesen beiden Welten, ist natürlich auch eine organisatorische Trennung notwendig. Wo es nicht mehr so darum geht, „ich habe hier eine Mannschaft, die kümmert sich um die Server und hier eine Mannschaft, die kümmert sich um das Netzwerk und die anderen kümmern sich um das Backup usw. Wir reden hier von wirklich kleinen schlanken Einheiten, wo wir von Services sprechen und da ist alles enthalten, es muss auf Knopfdruck, so wie wir es von Amazon kennen zum Beispiel, auf Knopfdruck funktionieren. Da dürfen natürlich keine 5 Teams stecken, die da dahinter kommunizieren, sondern da muss ein Team, das alles abdeckt stecken. Da muss sehr viel automatisiert werden. Die Umsetzung der Organisation, ist auch ein wesentlicher Punkt der uns auch beschäftigt, weil wir diese flexible IT auch anbieten am Markt und das heißt natürlich auch die jahrzehntlange Erfahrung von der Organisation her, muss aufgebrochen werden und umgebaut werden.*

I: *Das stelle ich mir mit am schwersten vor, wenn es dann um die Kultur des Unternehmens geht bzw. an das Mindset. Es gibt ja viele Mitarbeiter, die da schon ewig im alten System arbeiten und für die ist es natürlich eine unglaubliche Umstellung, wenn die jetzt auf einmal flexibel, agile IT einführen.*

B: *Genau, es beginnt schon bei der Definition, was ist denn so eine Einheit, ein Service. Was ist schnell, was braucht der Markt, was muss ich am Markt anbieten. Umgekehrt das Unternehmen braucht eine flexible Umgebung. Stell dir vor du brauchst für kurzfristige Entwicklungen einen Server, du brauchst nicht zur IT gehen und Formulare ausfüllen und 3 Wochen warten bis du deinen Server brauchst, sondern du drückst auf einen Knopf und nach 20 Minuten oder noch kürzer hast du den Server verfügbar. Da meint man, ja das ist super, das will ich da wollen wir hin, aber was das dahinter bedeutet. Das beginnt auch schon mit, was braucht den so ein standardisierter Service. Wie wird es verrechnet? Wo fließen die Kosten hin? Wer ist dafür verantwortlich, wer ist der Service*

Owner. Was passiert wenn es Änderungen gibt und und und. Also da gibt es viele neue Rollen, also ich würde sagen, da muss der Mindset komplett geändert werden und das ist das schwierige. [...]

I: *Manche sagen ja auch, dass Change Management schon so ein Teil von der digitalen Transformation ist. Aber Change Management gab es natürlich auch schon vor diesem Begriff digitale Transformation.*

B: *Ja ich denke, das sind auch die Begriffe. Change Management, so wie ich es verstehe, es handelt sich um ein Change Projekt, die änderst von einem Status zum anderen. Es gibt da auch kein wirkliches Ende, sondern du transformierst auch wirklich permanent. Von daher wieder die Frage, wo ist das Ende dieser Veränderung. Wann bin ich bei dem Ziel angelangt, das ist für mich die große Frage wo es hingehen wird und ob es schon geht. Wenn ich sozusagen jetzt das Status Quo erfülle, bin ich dann schon fertig? [...] Es gibt aktuell auch viele Diskussionen momentan bezüglich agiler Projektmethoden. Auch diese selbststeuernden Gruppen, da gibt es ja auch verschiedene Ansätze, die momentan sehr stark diskutiert werden.*

I: *Ich würde dann gerne nochmal auf die bimodale IT eingehen und zwar im Sinne von, dass ich jetzt gerne Stärken und Schwächen und Chancen und Risiken sammeln möchte. [...] Welche Stärken und Schwächen sehen Sie im bimodalen Ansatz.?*

B: *Ja Stärken, wenn ich das schon habe, die Trennung wo hebe ich mich von meinen Mitwettbewerbern ab, das sehe ich auch aus Prozesssicht getrennt und der bimodalen IT zugeordnet. Dann habe ich natürlich die Chance kürzere Innovationszyklen zu schaffen. In dem ich einfach wirklich flexibel bin und nicht die Abhängigkeit der gesamten IT habe.*

I: *Das ist ja auch letztendlich auch Sinn der Sache, dass diese Flexibilität auch geschaffen wird dadurch. [...]*

B: *Die Schwäche der bimodalen IT ist sicherlich, wenn man es nicht unter einen Hut bekommt und nicht alle an einem Strang ziehen. Da holt man sich, unter dem Schreibtisch eine Lösung da raus, die so halb integriert ist und das bietet dann auch nicht den Mehrwert.*

I: *Ich habe nun schon öfters gehört, dass die bimodale IT nur eine mittelfristige Lösung ist und langfristig man aber eigentlich die gesamte IT transformieren muss, sehen Sie das auch so?*

B: *Ich denke das beginnt bei der Technologie und endet dann bei den Menschen, die dort arbeiten, das ist sozusagen die Denke die eine Hälfte arbeitet noch auf den bewährten Methoden und die andere nach den modernen Konzepten, das wird nicht funktionieren. Das ist auch die Organisation, wie ich als IT oder gesamten Unternehmen wie ich hier auftrete. Die Technologie selber in der IT bietet die Möglichkeiten und Mittel diese IT-Architektur flexibler und dynamische werden zu lassen. Wo Dinge dann enger zusammenwachsen, bspw, Software Designed data center, wo dann wirklich alles automatisiert wird und viele über Software läuft was früher, sehr viel noch per Hand gemacht werden musste, dahinter steckt aber auch wieder ein Prozess, ich muss mir vorher überlegen, was ich mit der Software steuere. Ich muss mir auch überlegen, wie soll es in Zukunft funktionieren,* *diese Services, diese Workflows, die alles automatisiert machen, was ist das. Es braucht einfach ein Umdenken sowohl für den stabilen als auch für den agilen Bereich. [...]*

I: *Okay, gut, dann vielleicht die letzte Frage. Mich interessiert ihre Meinung bezüglich Rahmenbedingungen, Voraussetzungen und Schlüsselfaktoren, was ist notwendig, um eine bimodale IT erfolgreich zu implementieren?*

B: *Ein wesentlicher Faktor ist das Mindset, das eben verstanden wird warum man das macht. Das ist jetzt nicht einfach eine neue Technologie, die einfach reinkommt, sondern das ist wirklich auch ein Mindset wie man arbeitet, wie man die Organisation umstellt, ein wesentlicher Faktor ist für mich auch das Commitment vom Top Management. Fehlt die Unterstützung oder das Verständnis, dann wird sich das auch im Budget auswirken. Hier muss das Top-Management voranschreiten und ständig das Commitment dazu abgeben. Evtl. muss man auch Positionen hier und da austauschen um auch wirklich Bewegung reinzubringen. Für mich auch ein Thema der Generationen. Ich will es nicht generalisieren, aber es geht natürlich auch darum, wie man sich dem Thema nähert und wenn man lange in den selben Bahnen gedacht hat ist es oft schwierig auszubrechen und hier etwas Neues zu machen. Da muss man auch denke ich tatsächlich darauf schauen. [...]*

I: *Ja das stimmt. Herzlichen Dank für das Gespräch. Auf Wiedersehen!*